COCKTAILS

COCKTAILS

ALTBEKANNT UND NEU GEMIXT

p

Entwurf und Realisation: Talking Design
Redaktion: Julie Whitaker und Ian Whitelaw

Übersetzung: Jens Bommel, Kaufering
Satz und Redaktion: trans texas GmbH, Köln

ISBN 978-1-4054-8264-6

Printed in China

Maße und Mengen

Das Abmessen der richtigen Mengen ist einer der Schlüssel zu einem guten Cocktail. Das Standardeinzelmaß beträgt 20 ml und gilt für alle Rezepte dieses Bandes. Cocktail-Messbecher (Jigger) aus Edelstahl mit 1, 2 und 1/3 Maßeinheiten gibt es in großen Kaufhäusern und Fachgeschäften. Ebenso gut können Sie Ihr eigenes Maß verwenden, solange Sie sich an die Proportionen in den Rezepten halten. Ein entsprechend kleiner Tumbler, ein Gläschen oder ein Eierbecher sind gut geeignet. Ein Spritzer sind etwa 4–5 Tropfen, gerade genug, um etwas Farbe oder Geschmack hinzuzufügen.

Inhalt

Einleitung	006
Klassische Cocktails	008
Moderne Klassiker	066
Perlende Cocktails	128
Besondere Cocktails	180
Alkoholfreie Cocktails	216
Register	254

Einleitung

Cocktails sind die angesagtesten Drinks unserer Zeit. Sie stehen für Spaß und Kreativität, verbunden mit dem Charme der 1920er- und 30er-Jahre. Cocktails gibt es in jeder Bar zu bestellen.
Dabei spielt es keine Rolle, ob Sie in die angesagteste Bar der Stadt gehen und die neueste Kreation aus New York bestellen oder ob Sie eine klassische Bar besuchen, wie im Londoner Savoy oder Algonquin Hotel in Manhattan, und den Alltime-Klassiker bestellen: einen trockenen Martini.

Der Ursprung des Wortes Cocktail

Die genaue Herkunft des Wortes „Cocktail" ist unbekannt. Eine Sage beschreibt, wie eine mexikanische Prinzessin mit dem Namen Xoctl einem amerikanischen Besucher am Hofe ihres Vaters ein Getränk anbot und dieser ihren Namen mit dem Namen des Getränkes verwechselte. Eine andere Theorie besagt, dass der Löffel, der für das Mixen der Cocktails benutzt wurde, an den kupierten Schweif der nicht reinrassigen Rennpferde erinnerte, die in Amerika „Cock-tails" genannt wurden. Es gibt viele weitere Theorien, aber moderne Etymologen sind sich einig, dass das Wort von Coquetel, einem französischen Weingetränk, stammt.

Geschichte des Cocktails

Ganz gleich, woher die Bezeichnung auch tatsächlich stammt, Mischgetränke existieren schon seit der Antike. Der erste Cocktail im heutigen Sinn wurde wohl im 16. Jahrhundert gemixt, und viele Cocktailklassiker sind deutlich älter, als man gemeinhin annimmt. Der Bourbon-Drink „Old Fashioned" beispielsweise wurde Ende des 18. Jahrhunderts kreiert. Das Wort „Cocktail" verwendete man bereits 1809 in den Vereinigten Staaten. 35 Jahre später waren Cocktails auch in Großbritannien bekannt. In den wohlhabenden Kreisen Amerikas waren sie sehr beliebt und wurden in exklusiven

Häusern und Hotels vor dem Dinner gereicht, bis sie im Ersten Weltkrieg aus der Mode kamen. Seitdem erlebte der Cocktail jedoch mehrfach eine Renaissance.

Die Jazz-Ära

Nach dem Ersten Weltkrieg suchte die junge Generation verzweifelt nach neuen Erfahrungen, Vergnügungen und einem neuen Stil. Sie fand Geschmack an neuen, innovativen Cocktails. Paradoxerweise förderte gerade die Prohibition in den USA (1920–1933) die Cocktailkultur. Illegal hergestellte Alkoholika schmeckten oft wie Gift – und hatten manchmal auch die gleiche Wirkung – sodass sie mit Säften und anderen Geschmacksträgern gemischt werden mussten. Zweifellos machte das Verbot, alkoholische Cocktails zu trinken, einen zusätzlichen Reiz aus. Der Trend schwappte über den Atlantik, und bald rühmten sich die besten Hotels in London, Paris und Monte Carlo, wo es Gin und Whisky von besserer Qualität gab, ihrer eigenen Cocktailbars.

Cocktail Revivals

Während und nach dem Zweiten Weltkrieg wurden Cocktails nur noch selten getrunken und erlebten erst wieder in den 1970er Jahren eine Renaissance. Neue Cocktails entstanden auf der Basis von weißem Rum, Wodka und Tequila, der gerade über Mexiko hinaus bekannt wurde. Schließlich kamen Cocktails wieder aus der Mode. Doch seit einigen Jahren erfreuen sie sich wieder großer Beliebtheit, und der Cocktailshaker gehört heute zur Grundausrüstung jeder Bar. Man muss keine magischen Fähigkeiten besitzen, um den perfekten Cocktail zu mixen. Es ist vielmehr die Kunst, die richtigen, angegebenen Zutaten in der perfekten Temperatur und in richtiger Reihenfolge zu mixen, das köstliche Ergebnis in das korrekte Glas zu füllen, schön zu dekorieren, und dann steht dem Genuss nichts mehr im Weg!

Klassische Cocktails

Tom Collins

6 cl Gin
4 cl Zitronensaft
1 cl Zuckersirup
5–6 gestoßene Eiswürfel
Sodawasser
1 Zitronenscheibe

FÜR 1 PERSON

Dieser kühlende Longdrink ist ein beliebter Klassiker. Sein Vorgänger und der vieler anderer Drinks aus der riesigen Collins-Familie war der beliebte John Collins.

1 Gin, Zitronensaft und Zuckersirup mit Eis in einem Shaker mischen und kräftig schütteln.
2 In einen großen gekühlten Tumbler abseihen und mit Sodawasser auffüllen.
3 Mit einer Zitronenscheibe dekorieren.

Singapore Sling

4 cl Gin
2 cl Cherry Brandy
2 cl Zitronensaft
1 TL Grenadine
gestoßene Eiswürfel
Sodawasser
1 Limettenschalenspirale
2 Cocktailkirschen

FÜR 1 PERSON

Während des British Empire trafen sich die Reichen in den Abendstunden in exklusiven Clubs, um ihre ausgetrockneten Kehlen zu befeuchten. Diese Zeiten sind längst vorbei, doch der Singapore Sling eignet sich noch immer als idealer Durstlöscher an heißen Sommertagen.

1 Gin, Cherry Brandy, Zitronensaft und Grenadine im Shaker kräftig schütteln.
2 Ein gekühltes Stielglas zur Hälfte mit gestoßenen Eiswürfeln füllen und den Cocktail darüber abseihen.
3 Mit Sodawasser auffüllen, mit der Limettenschalenspirale und den Cocktailkirschen dekorieren.

Absinthe Friend

2 cl Gin
2 cl Absinth oder Pernod
1 Spritzer Angostura
1 Spritzer Zuckersirup
4–6 gestoßene Eiswürfel

FÜR 1 PERSON

Der echte Absinth ist ein Destillat verschiedener Kräuter und war für Cocktails und als Digestif sehr beliebt. Anfang des 20. Jahrhunderts wurde er gesetzlich verboten, weil das darin enthaltene Thujon, ein Extrakt der Wermutpflanze, eine gehirnschädigende Wirkung haben sollte. Statt Absinth kann man auch Pastis verwenden.

1 Die Zutaten mit Eis in einem Shaker mischen und kräftig schütteln.
2 In ein gekühltes mittelgroßes Glas oder einen Tumbler abseihen.

Pimm's No. 1

Eis
2 cl Pimm's No. 1
Zitronenlimonade
Salatgurkenecken, Minze- oder Borretschzweige
Orangen- und Zitronenstücke

FÜR 1 PERSON

Pimm's No. 1 ist ein köstlich trockener und zugleich fruchtiger Gin-Drink mit Kräutern. Er wurde Ende des 19. Jahrhunderts von James Pimm kreiert, einem Londoner Gastronomen, und war wahrscheinlich der ursprüngliche Gin Sling.

1 Ein gekühltes großes Glas zu zwei Drittel mit Eis füllen; den Pimm's darübergießen.
2 Mit Zitronenlimonade auffüllen und langsam umrühren.
3 Mit den Gurkenecken, einem Minze- oder Borretschzweig sowie den Orangen- und Zitronenstücken garnieren.

Club

1 Spritzer gelber Chartreuse
4–6 gestoßene Eiswürfel
4 cl Gin
2 cl Vermouth Sweet

FÜR 1 PERSON

Groucho Marx sagte einmal, er wolle keinem Club angehören, der bereit wäre, ihn als Mitglied aufzunehmen. Diesem Club wird es dagegen sicher nie an bereitwilligen Mitgliedern fehlen.

1 Den Chartreuse über gestoßenes Eis in ein Rührglas geben; Gin und Vermouth darübergießen.
2 Gut umrühren und in ein gekühltes Cocktailglas abseihen.

Dubarry

1 Spritzer Pernod
1 Spritzer Angostura
4 cl Gin
2 cl Vermouth Dry
4–6 gestoßene Eiswürfel
1 Zitronenschalenspirale

FÜR 1 PERSON

Die Comtesse du Barry, die Mätresse von König Ludwig XV. von Frankreich, war berühmt für ihre außergewöhnliche Schönheit. Die Guillotine setzte ihrem Leben jedoch ein abruptes Ende. Achten Sie darauf, dass Sie beim Genuss dieses köstlichen Drinks nicht den Kopf verlieren!

1 Pernod, Angostura, Gin und Vermouth mit Eis in einem Rührglas verrühren.
2 In ein gekühltes Cocktailglas oder Weinglas abseihen und mit der Zitronenschalenspirale dekorieren.

Charleston

0,5 cl Gin
0,5 cl Vermouth Dry
0,5 cl Vermouth Sweet
0,5 cl Cointreau
0,5 cl Kirschwasser
0,5 cl Maraschino
Eis
Zitronenschalenspirale

FÜR 1 PERSON

Dieser Shortdrink vereint Spirituosen und Aromen zu einem lebhaften Cocktail. Trinken Sie ihn nicht, wenn Sie Durst haben – Sie könnten zu viel davon erwischen!

1 Alle Zutaten bis auf die Zitronenspirale mit Eis in einem Shaker kräftig schütteln und in ein kleines gekühltes Cocktailglas abseihen.
2 Mit der Zitronenschalenspirale dekorieren.

Rolls-Royce

4–6 gestoßene Eiswürfel
1 Spritzer Orangenbitter
4 cl Vermouth Dry
2 cl Dry Gin
2 cl Scotch Whisky

FÜR 1 PERSON

Es überrascht nicht, dass manche Cocktailklassiker nach berühmten Automarken benannt wurden. Dieser Drink wurde von H. E. Bates in seinem berühmten Roman „Wo Milch und Whisky fließen" (orig.: „The Darling Buds of May") kreiert.

1 Die gestoßenen Eiswürfel in ein Rührglas füllen.
2 Den Orangenbitter darüberspritzen.
3 Vermouth, Gin und Whisky über das Eis geben und gut verrühren.
4 In ein gekühltes Cocktailglas abseihen.

Bronx

4 cl Gin
2 cl Orangensaft
1 cl Vermouth Dry
1 cl Vermouth Sweet
gestoßene Eiswürfel

FÜR 1 PERSON

Ebenso wie Manhattan wurde auch dem New Yorker Stadtviertel Bronx in den Cocktailbars der ganzen Welt zu Unsterblichkeit verholfen.

1 Gin, Orangensaft, Vermouth Dry und Vermouth Sweet mit Eis in einem Rührglas gut verrühren.
2 In ein gekühltes Cocktailglas abseihen.

Alexander

2 cl Gin
2 cl Crème de Cacao
2 cl Sahne
4–6 gestoßene Eiswürfel
frisch geriebene Muskatnuss

FÜR 1 PERSON

Ein cremiger, mit Schokolade aromatisierter Cocktail auf Ginbasis, der mit geriebener Muskatnuss garniert wird.

1 Die Zutaten mit Eis in einen Shaker geben und kräftig schütteln.
2 In ein gekühltes Cocktailglas abseihen und mit geriebener Muskatnuss bestreuen.

Orange Blossom

4 cl Gin
4 cl Orangensaft
4–6 gestoßene Eiswürfel
1 Orangenscheibe

FÜR 1 PERSON

Während der Prohibition in den USA wurde Gin häufig buchstäblich in der Badewanne hergestellt und mit Orangensaft aromatisiert, um den eigenartigen Geschmack des Destillats zu überdecken. Mit einem Gin von guter Qualität ist dieser Drink jedoch eine köstliche Erfrischung.

1 Gin und Orangensaft mit Eis in einem Shaker mischen und kräftig schütteln.
2 In ein gekühltes Cocktailglas abseihen und mit der Orangenscheibe dekorieren.

White Lady

4 cl Gin
2 cl Triple Sec
2 cl Zitronensaft
4–6 gestoßene Eiswürfel

FÜR 1 PERSON

Schlicht, elegant, subtil und viel stärker, als man bei seinem Anblick vermuten möchte: Dieser Cocktail ist der ideale Aperitif vor einem leichten Sommermahl.

1 Gin, Triple Sec und Zitronensaft in einem Shaker mischen und kräftig schütteln.
2 In ein gekühltes Cocktailglas abseihen.

Rickey

4–6 gestoßene Eiswürfel
4 cl Gin
2 cl Limettensaft
Sodawasser
Zitronenscheibe

FÜR 1 PERSON

Die klassische Version dieses Cocktails basiert auf Gin, doch auch andere Spirituosen werden gerne dafür benutzt und mit Limettensaft und Sodawasser gemischt.

1 Das Eis in ein gekühltes Highballglas geben.
2 Gin und Limettensaft über das Eis gießen und das Ganze mit Sodawasser auffüllen.
3 Vorsichtig umrühren und mit der Zitronenscheibe dekorieren.

Maiden's Blush

4–6 gestoßene Eiswürfel
4 cl Gin
1/2 TL Triple Sec
1/2 TL Grenadine
1/2 TL Zitronensaft

FÜR 1 PERSON

Der Name bedeutet „mädchenhaftes Erröten" und trifft den schönen Farbton dieses Cocktails sehr gut. Doch vielleicht ist er auch als Warnung gemeint, denn zu viele von diesen Drinks können ebenfalls eine rosige Gesichtsfarbe verursachen.

1 Die gestoßenen Eiswürfel in einen Shaker geben.
2 Gin, Triple Sec, Grenadine und Zitronensaft dazugeben und den Shaker kräftig schütteln.
3 In ein gekühltes Cocktailglas oder kleines Highballglas abseihen.

Daisy

6 cl Gin
2 cl Zitronensaft
1 EL Grenadine
1 TL Zuckersirup
4–6 gestoßene Eiswürfel
Sodawasser
1 Orangenscheibe

FÜR 1 PERSON

Ein Longdrink mit hohem Alkoholgehalt, der mit Fruchtsirup gesüßt wird. Seinen Namen hat er vielleicht von dem gleich lautenden Slang-Ausdruck, mit dem man früher etwas Außergewöhnliches und Besonderes bezeichnete.

1 Gin, Zitronensaft, Grenadine und Zuckersirup mit gestoßenem Eis in einen Shaker geben und kräftig schütteln.
2 In ein gekühltes Collinsglas abseihen und mit Sodawasser auffüllen.
3 Langsam umrühren und mit der Orangenscheibe dekorieren.

Gin Sling

1 Zuckerwürfel
2 cl Dry Gin
frisch geriebene Muskatnuss
Zitronenscheibe

FÜR 1 PERSON

Angeblich trank man Gin Sling ursprünglich heiß – doch auch die zahlreichen kalten Varianten schmecken köstlich!

1 Den Zuckerwürfel in einen Tumbler geben und mit 150 ml heißem Wasser auflösen.
2 Gin dazugießen, Muskat darüberstreuen und mit einer Zitronenscheibe servieren.

Martini

4–6 gestoßene Eiswürfel
6 cl Gin
1 TL Vermouth Dry (oder nach Geschmack)
1 entsteinte grüne Olive

FÜR 1 PERSON

Für viele ist der Martini der König unter den Cocktails. Benannt ist er nach seinem Erfinder, Martini di Arma di Taggia, und nicht nach der berühmten Vermouth-Marke.

1 Die gestoßenen Eiswürfel in ein Rührglas geben. Gin und Vermouth darübergießen und gut verrühren.
2 In ein gekühltes Cocktailglas abseihen und mit der Olive garnieren.

Dry Martini

2 cl London Dry Gin
1 Spritzer Vermouth Dry
4–6 gestoßene Eiswürfel
1 grüne Olive oder Zitronenschalenspirale

FÜR 1 PERSON

Anders als der Martini enthält dieser Drink fast keinen Vermouth.

1 Gin und Vermouth über einer Hand voll Eis in ein Rührglas gießen.
2 Gut umrühren und in ein Cocktailglas abseihen.
3 Mit Olive oder Zitronenschale garnieren.

Pink Gin

2 cl Plymouth Gin
einige Tropfen Angostura
2 cl Eiswasser
1 Maraschinokirsche

FÜR 1 PERSON

Diesen Drink empfahl man ursprünglich als Mittel gegen Bauchschmerzen.
Später wurde er sogar in die „Hausapotheke" der British Navy aufgenommen.

1 Die ersten drei Zutaten in ein Rührglas gießen und umrühren.
2 In ein Cocktailglas abseihen und mit der Maraschinokirsche garnieren.

Negroni

4–6 gestoßene Eiswürfel
2 cl Gin
2 cl Campari
1 cl Vermouth Sweet
1 Orangenschalenspirale

FÜR 1 PERSON

Der Legende nach kreierte Graf Camillo Negroni in den 1920er-Jahren diesen aristokratischen Cocktail; seit damals hat sich allerdings das Verhältnis zwischen Gin und Campari geändert.

1 Die gestoßenen Eiswürfel in ein Rührglas geben.
2 Gin, Campari und Vermouth über das Eis gießen und gut umrühren.
3 In ein gekühltes Glas abseihen und mit der Orangenschalenspirale dekorieren.

Cosmopolitan & White Cosmopolitan

3 cl Wodka oder Limoncello
1 cl Cointreau
2 cl Cranberrysaft
1 cl Limettensaft
oder 2 cl Cranberry-Trauben-Nektar
Eis
1 Spritzer Orangenbitter (nur White Cosmo)
1 Kirsche oder Cranberry

FÜR 1 PERSON

Viel fruchtiger als sein rosafarbener Verwandter schmeckt der White Cosmopolitan: Er wird statt mit Wodka mit einem italienischen Zitronenlikör zubereitet!

1 Für den Cosmopolitan Wodka, Cointreau, Cranberry- und Limettensaft, für den White Cosmopolitan Limoncello, Cointreau und Cranberry-Trauben-Nektar mit Eis im Shaker kräftig schütteln.
2 In ein gekühltes Cocktailglas abseihen.
3 Über den White Cosmopolitan Orangenbitter spritzen. Mit der Kirsche garnieren.

Screwdriver

4–6 gestoßene Eiswürfel
4 cl Wodka
Orangensaft
1 Orangenscheibe

FÜR 1 PERSON

Für diesen erfrischenden Cocktailklassiker sollten Sie immer nur frisch gepressten Orangensaft verwenden. Aus dem einfachen Drink haben sich viele verschiedene und immer raffiniertere Varianten entwickelt.

1 Ein gekühltes Glas mit Eiswürfeln füllen.
2 Den Wodka darübergießen und mit Orangensaft auffüllen.
3 Gut verrühren und mit der Orangenscheibe dekorieren.

Fuzzy Navel

4 cl Wodka
2 cl Pfirsichbrand
250 ml Orangensaft
4–6 gestoßene Eiswürfel
1 Physalis
(Kapstachelbeere)

FÜR 1 PERSON

Ein weiterer Cocktail, dessen Name auf die Zutaten anspielt. In diesem Fall erinnert „Fuzzy (peach)" an den Obstbrand und „Navel (orange)" an den Fruchtsaft.

1 Wodka, Pfirsichbrand und Orangensaft mit gestoßenem Eis in einem Shaker mischen und kräftig schütteln.
2 In ein gekühltes Cocktailglas abseihen und mit der Physalis dekorieren.

Salty Dog

1 EL Zucker
1 EL grobes Salz
1 Limettenachtel
6–8 gestoßene Eiswürfel
4 cl Wodka
Grapefruitsaft

FÜR 1 PERSON

Als er zum ersten Mal serviert wurde, waren Cocktails auf Ginbasis äußerst beliebt. Heute wird der Salty Dog meist mit Wodka hergestellt. Man kann beide Spirituosen verwenden, allerdings schmecken die Cocktails dann unterschiedlich.

1 Zucker und Salz auf einer Untertasse mischen. Den Rand eines gekühlten Glases mit dem Limettenachtel befeuchten und in die Zucker-Salz-Mischung tauchen.
2 Das Glas mit gestoßenen Eiswürfeln füllen und den Wodka darübergießen.
3 Mit Grapefruitsaft auffüllen und umrühren. Mit einem Trinkhalm servieren.

Kamikaze

2 cl Wodka
2 cl Triple Sec
1 cl frisch gepresster Limettensaft
1 cl frisch gepresster Zitronensaft
Eis
trockener Weißwein, gekühlt
2 Limettenscheiben

FÜR 1 PERSON

Bei diesem Cocktail gibt es kein Zurück. Er ist so köstlich – es wird Ihnen nicht gelingen, ihn nach dem ersten Schluck abzusetzen.

1 Die ersten vier Zutaten mit Eis in einem Shaker mischen und kräftig schütteln.
2 In ein gekühltes Glas abseihen und mit gekühltem Weißwein auffüllen.
3 Mit den Limettenscheiben dekorieren.

Moscow Mule

4 cl Wodka
2 cl Limettensaft
4–6 gestoßene Eiswürfel
Ginger Beer
1 Limettenscheibe

FÜR 1 PERSON

Dieser Cocktail entstand in den 1930er-Jahren durch einen glücklichen Zufall: Als ein amerikanischer Barbesitzer zu viel Ginger Beer auf Lager hatte, half ihm ein Handelsvertreter aus der Patsche, indem er den Moscow Mule erfand.

1 Wodka und Limettensaft mit etwas Eis in einen Shaker geben und kräftig schütteln.
2 Ein Longdrinkglas halb mit den übrigen gestoßenen Eiswürfeln füllen und den Cocktail darübergießen.
3 Mit Ginger Beer auffüllen und mit der Limettenscheibe dekorieren.

Black & White Russian

4 cl Wodka
2 cl Kaffeelikör
4–6 gestoßene Eiswürfel
1 cl Sahne oder
2 cl Milch (nur für White Russian)

FÜR 1 PERSON

Für den Black Russian können Sie als Kaffeelikör Tia Maria oder den etwas süßeren Kahlúa nehmen. Der White Russian, mit zusätzlicher Sahne, hat sich zu einem Kultgetränk entwickelt, seit er in dem Film „The Big Lebowski" ständig vom Dude geschlürft wurde. Der Drink schmeckt auch mit Milch ausgezeichnet.

1 Wodka und Kaffeelikör mit dem Eis in ein gekühltes Highballglas gießen.
2 Für den White Russian Sahne oder Milch über einen Barlöffel in den Drink laufen lassen.
3 Langsam umrühren.

Harvey Wallbanger

Eiswürfel
6 cl Wodka
16 cl Orangensaft
2 TL Galliano
1 Kirsche
1 Orangenscheibe

FÜR 1 PERSON

Dieser bekannte moderne Klassiker ist ein großartiger Partydrink. Mixen Sie ihn am Anfang etwas hochprozentiger und im Laufe des Abends milder – oder sogar ganz ohne Alkohol für die Autofahrer; es wird niemandem auffallen …

1 Ein Highballglas mit Eis füllen, den Wodka und Orangensaft über das Eis gießen, den Galliano darübergeben.
2 Mit Kirsche und Orange dekorieren.
3 Für eine „hitzigere" Variante einen Spritzer Ginger Wine zu den ersten beiden Zutaten mischen.

Bloody Mary

4–6 gestoßene Eiswürfel
1 Spritzer Worcestersauce
1 Spritzer Tabasco
4 cl Wodka
etwas trockener Sherry
12 cl Tomatensaft
Saft von 1/2 Zitrone
1 Messerspitze Selleriesalz
1 Messerspitze Cayennepfeffer
1 Stück Stangensellerie mit Blättern
1 Zitronenscheibe

FÜR 1 PERSON

Die Bloody Mary wurde 1912 in der legendären Harry's Bar in Paris erfunden. Von diesem Cocktailklassiker gibt es viele mehr oder weniger scharfe und würzige Versionen. Manchmal enthält er auch Meerrettichsauce anstelle des oder zusätzlich zum feurigen Tabasco.

1 Gestoßenes Eis in einen Shaker füllen, Worcestersauce und Tabasco darübergeben, dann Wodka, Sherry, Tomaten- und Zitronensaft dazugießen.
2 Kräftig schütteln.
3 In ein gekühltes Glas abseihen, Selleriesalz und Cayennepfeffer darüberstreuen und mit dem Stangensellerie und der Zitronenscheibe dekorieren.

Long Island Iced Tea

4 cl Wodka
2 cl Gin
2 cl weißer Tequila
2 cl weißer Rum
1 cl weißer Crème de Menthe
4 cl Zitronensaft
1 TL Zuckersirup
4–6 gestoßene Eiswürfel
Cola
1 Limetten- oder Zitronenachtel

FÜR 1 PERSON

Dieser Longdrink stammt aus der Zeit der amerikanischen Prohibition, als man Drinks aus Teetassen trank, um so das FBI zu täuschen. Anfangs bestand der Cocktail aus einer einfachen Wodka-Mischung, die mit einem Spritzer Cola gefärbt war. Mit der Zeit wurde er zu einem raffinierteren Drink, der es nicht weniger in sich hat.

1 Wodka, Gin, Tequila, Rum, Crème de Menthe, Zitronensaft und Zuckersirup mit Eis in einem Shaker mischen und kräftig schütteln.
2 In ein mit Eis gefülltes Collinsglas abseihen und mit Cola auffüllen.
3 Mit dem Limetten- oder Zitronenachtel dekorieren.

Rusty Nail

4–6 gestoßene Eiswürfel
2 cl Scotch Whisky
2 cl Drambuie

FÜR 1 PERSON

Einer der großen Klassiker, so einfach und sehr beliebt. Er wird „on the rocks" serviert.

1 Ein Old-Fashioned-Glas oder einen niedrigen Tumbler zur Hälfte mit Eis füllen.
2 Whisky und Drambuie darübergießen und gut umrühren.

Old Fashioned

1 Zuckerwürfel
1 Spritzer Angostura
1 TL Wasser
4 cl Bourbon oder Rye Whiskey
4–6 gestoßene Eiswürfel
1 dicke Zitronenschalenspirale

FÜR 1 PERSON

Dieser Cocktail ist so etabliert, dass man kleine Whisky-Gläser auch als Old-Fashioned-Gläser bezeichnet. Für den Drink selbst gilt ebenfalls: Das Altbewährte ist manchmal das Beste.

1 Den Zuckerwürfel in ein kleines gekühltes Old-Fashioned-Glas geben, den Angostura darüberspritzen und 1 TL Wasser hinzufügen.
2 Mit einem Löffel zerdrücken, bis sich der Zucker auflöst, dann den Whiskey dazugießen und umrühren.
3 Die gestoßenen Eiswürfel hinzufügen und den Cocktail mit der Zitronenschale dekorieren.

Whisky Mac

3 cl Scotch Whisky
2 cl Ginger Wine

FÜR 1 PERSON

Dieser beliebte Klassiker wird weltweit als wärmender Winterdrink genossen, deshalb müssen Glas und Zutaten nicht gekühlt werden.

1 Die Zutaten langsam in ein Old-Fashioned-Glas gießen.
2 Nicht umrühren, gleich servieren.

Blood and Sand

2 cl Scotch Whisky
2 cl Cherry Brandy
2 cl roter Vermouth Sweet
Eis
Orangensaft

FÜR 1 PERSON

Cherry Brandy ist ein ziemlich geschmacksintensiver Likör. Stattdessen können Sie auch Brandy nehmen, doch ist der Cocktail dann nicht ganz so ausdrucksvoll.

1 Die ersten drei Zutaten mit Eis in einen Shaker geben und kräftig schütteln.
2 In ein mittelgroßes Glas abseihen und mit Orangensaft aufgießen.

Manhattan

4–6 gestoßene Eiswürfel
1 Spritzer Angostura
6 cl Rye Whiskey
2 cl Vermouth Sweet
1 Cocktailkirsche

FÜR 1 PERSON

Dieser Cocktail wurde angeblich von Winston Churchills Mutter Jennie, einer gebürtigen US-Amerikanerin, erfunden.

1 Eis und die flüssigen Zutaten in ein Rührglas geben und gut miteinander verrühren.
2 In ein gekühltes Glas abseihen und mit der Kirsche dekorieren.

Whiskey Sour

2 cl Zitronen- oder Limettensaft
4 cl Blended Whiskey
1 TL Zucker oder Zuckersirup
4–6 gestoßene Eiswürfel
1 Zitronen- oder Limettenscheibe
1 Maraschinokirsche

FÜR 1 PERSON

Sours sind Shortdrinks, die mit Zitrone oder Limette aromatisiert werden. Sie können mit fast allen Spirituosen gemixt werden. Whiskey Sour war das Original und ist für viele immer noch der Favorit!

1 Die ersten drei Zutaten mit Eis in einen Shaker geben, kräftig schütteln und in ein Cocktailglas abseihen.
2 Mit einer Zitronen- oder Limettenscheibe und einer Kirsche dekorieren.

Mint Julep

Blätter von 1 frischen Minzezweig
1 EL Zuckersirup
6–8 fein gestoßene Eiswürfel
6 cl Bourbon Whiskey
1 frischer Minzezweig

FÜR 1 PERSON

Ein Julep ist ein mit Sirup gesüßter und mit Minze aromatisierter Drink. Der Mint Julep wurde wohl erstmals in den USA gemischt; man genießt ihn traditionell beim Kentucky Derby.

1 Minzeblätter und Zuckersirup in ein kleines gekühltes Glas geben und mit einem Teelöffel zerdrücken.
2 Gestoßene Eiswürfel hinzufügen, um das Glas zu füllen, dann den Bourbon dazugießen.
3 Mit dem Minzezweig dekorieren.

Zombie

4–6 fein gestoßene Eiswürfel
4 cl brauner Rum
4 cl weißer Rum
2 cl goldener Rum
2 cl Triple Sec
2 cl Limettensaft
2 cl Orangensaft
2 cl Ananassaft
2 cl Guavensaft
1 EL Grenadine
1 EL Mandelsirup
1 TL Pernod
je 2 Minzezweige und Ananasecken

FÜR 1 PERSON

Die einzelnen Zutaten für diesen gefährlichen Cocktail – vor allem Liköre und Fruchtsäfte – sind von Rezept zu Rezept sehr unterschiedlich. In jedem stecken aber, mal mehr, mal weniger, die drei Rumsorten: weiß, braun und golden.

1 Alle Zutaten bis auf die Minze und die Ananasecken mit gestoßenem Eis in einen Mixer geben und zu einem glatten Drink verarbeiten.
2 Ohne Sieb in ein gekühltes Collinsglas geben und mit der Minze und der Ananas dekorieren.

Acapulco

4 cl weißer Rum
1 cl Triple Sec
1 cl Limettensaft
1 TL Zuckersirup
1 Eiweiß
10–12 gestoßene Eiswürfel
1 frischer Minzezweig

FÜR 1 PERSON

Auch dieser Cocktail hat sich im Laufe der Jahre stark verändert. Ursprünglich basierte er auf Rum und enthielt keine Fruchtsäfte. Seit aber der Tequila auch außerhalb seiner Heimat Mexiko bekannt ist, wird der Cocktail immer häufiger mit dem Agavenschnaps zubereitet.

1 Alle Zutaten bis auf die Minze mit etwas Eis in einen Shaker geben und kräftig schütteln.
2 Ein gekühltes Highballglas zur Hälfte mit den übrigen gestoßenen Eiswürfeln füllen und den Cocktail darüber abseihen.
3 Mit dem Minzezweig dekorieren.

Mai Tai

4 cl weißer Rum
4 cl brauner Rum
2 cl Orange Curaçao
2 cl Limettensaft
1 EL Mandelsirup
1 EL Grenadine
gestoßene Eiswürfel
2 Ananasecken mit Schale
1 Cocktailkirsche

FÜR 1 PERSON

1944 wurde dieser Drink von dem Gastronomen „Trader Vic" erfunden, der ihn als „Mai Tai Roe Ae" beschrieb, was so viel heißt wie „nicht von dieser Welt".

1 Weißen und braunen Rum, Curaçao, Limettensaft, Mandelsirup und Grenadine mit Eis in einem Shaker kräftig schütteln.
2 In ein Collinsglas abseihen. Mit Früchten dekorieren, mit einem Trinkhalm servieren.

Daiquiri

4 cl weißer Rum
1,5 cl Limettensaft
$^1/_2$ TL Zuckersirup
gestoßenes Eis

FÜR 1 PERSON

Daiquiri ist der Name der kubanischen Stadt, in der dieser Cocktail Anfang des 20. Jahrhunderts angeblich erfunden wurde. Einem Wirt ging der importierte Gin aus, und so musste er auf einheimischen Rum zurückgreifen. Weil dessen Qualität damals oft zu wünschen übrig ließ, mischte er ihn mit alkoholfreien Getränken.

1 Rum, Limettensaft und Zuckersirup mit Eis in einem Shaker mischen und kräftig schütteln.
2 In ein gekühltes Cocktailglas abseihen.

Planter's Punch

4 cl weißer Rum
4 cl brauner Rum
2 cl Zitronensaft
2 cl Limettensaft
1 TL Zuckersirup
$^1/_4$ TL Triple Sec
1 Spritzer Grenadine
10–12 gestoßene Eiswürfel
Soda- oder Mineralwasser
je 1 Zitronen-, Limetten- und Ananasscheibe
1 Cocktailkirsche

FÜR 1 PERSON

Das Wort „Punch" stammt aus der Sprache der Hindi und bedeutet „fünf", denn ein Punsch besteht traditionell aus fünf Zutaten. Darin sollten vier grundsätzliche Geschmacksrichtungen enthalten sein: stark, schwach, sauer und süß.

1 Weißen und braunen Rum, Zitronensaft, Limettensaft, Zuckersirup, Triple Sec und Grenadine mit etwas Eis in einem Shaker mischen und kräftig schütteln.
2 Einen großen Tumbler oder ein Collinsglas bis zur Hälfte mit dem übrigen Eis füllen und den Cocktail darüber abseihen.
3 Mit Sodawasser auffüllen und langsam umrühren.
4 Mit den Früchten dekorieren.

Cuba Libre

4–6 gestoßene Eiswürfel
4 cl weißer Rum
Cola
1 Limettenachtel, zum Dekorieren

FÜR 1 PERSON

In den 1960er- und 1970er-Jahren erlangte dieser einfache Longdrink einen enormen Bekannt- und Beliebtheitsgrad.

1 Ein Highballglas bis zur Hälfte mit gestoßenen Eiswürfeln füllen.
2 Den Rum über das Eis gießen und mit Cola auffüllen.
3 Langsam umrühren und mit dem Limettenachtel dekorieren.

Piña Colada

4–6 fein gestoßene Eiswürfel
4 cl weißer Rum
2 cl brauner Rum
6 cl Ananassaft
4 cl Kokoscreme
1 Ananaseck

FÜR 1 PERSON

Piña Colada gehört zu den Cocktailklassikern der jüngeren Generation und erfreut sich, ebenso wie der Swimming Pool, seit den 1980ern großer Beliebtheit.

1 Die Eiswürfel in einen Mixer geben. Die beiden Rumsorten, Ananassaft und Kokoscreme darübergießen. Zu einem glatten Drink verarbeiten.
2 Den Cocktail in ein großes gekühltes Glas gießen und mit dem Ananaseck dekorieren.

Stinger

4 cl Brandy
2 cl weißer Crème de Menthe
4–6 gestoßene Eiswürfel

FÜR 1 PERSON

Dies ist ein erfrischender klarer Drink, der die Geschmacksnerven zu kitzeln versteht. Denken Sie aber auch daran, dass er es in sich hat und dass Sie, falls Sie zu viel davon trinken, wahrscheinlich nicht mehr gerade sitzen können.

1 Brandy und Crème de Menthe mit Eis in einem Shaker kräftig schütteln.
2 Den Drink in ein gekühltes Highballglas abseihen.

Sidecar

4–6 gestoßene Eiswürfel
4 cl Brandy
2 cl Triple Sec
2 cl Zitronensaft
1 Orangenschalenspirale

FÜR 1 PERSON

Cointreau ist der bekannteste Vertreter der Bitterorangen-Liköre, die man im Allgemeinen als Triple Secs bezeichnet. Cointreau ist trockener und stärker als Curaçao und immer farblos.

1 Das Eis in einen Cocktailshaker geben.
2 Brandy, Triple Sec und Zitronensaft darübergießen und kräftig schütteln.
3 In ein gekühltes Glas abseihen und mit der Orangenschalenspirale dekorieren.

B & B

2 cl Brandy
2 cl Benedictine
4–6 gestoßene Eiswürfel

FÜR 1 PERSON

Obwohl es großen Spaß macht, ausgefeilte Cocktails zu mischen und zu trinken, zählen einige der besten Cocktails gleichzeitig zu den einfachsten. B & B – Brandy und Benedictine – könnte nicht leichter herzustellen sein, besitzt aber einen unglaublich raffinierten Geschmack.

1 Brandy und Benedictine über Eis in ein Rührglas gießen und umrühren.
2 In ein gekühltes Cocktailglas abseihen.

Between the Sheets

8–10 gestoßene Eiswürfel
8 cl Brandy
6 cl weißer Rum
2 cl White Curaçao
2 cl Zitronensaft

FÜR 2 PERSONEN

Bereiten Sie diesen köstlichen Cocktail am besten für zwei Leute zu, denn schon sein Name verheißt Romantik und Zweisamkeit. Der Drink selbst schmeckt glatt und weich wie Seide.

1 Gestoßenes Eis in einen Cocktailshaker füllen.
2 Brandy, Rum, Curaçao und Zitronensaft darübergießen, mischen und kräftig schütteln.
3 In zwei gekühlte Weingläser abseihen.

American Rose

3 cl Brandy
1 TL Grenadine
$^1/_2$ TL Pernod
$^1/_2$ frischer Pfirsich, geschält und zerdrückt
4–6 gestoßene Eiswürfel
Schaumwein
1 frische Pfirsichscheibe

FÜR 1 PERSON

Dieser Cocktail erinnert an eine wunderschöne Rose und ist ein unvergesslicher Genuss.

1 Brandy, Grenadine, Pernod und Pfirsich mit Eis in einem Shaker mischen und kräftig schütteln.
2 In ein gekühltes Weinglas abseihen und mit Schaumwein auffüllen.
3 Langsam umrühren und mit der Pfirsichscheibe dekorieren.

Classic Cocktail

1 Zitronenachtel
1 TL Zucker
4 cl Brandy
1 cl White Curaçao
1 cl Maraschino
1 cl Zitronensaft
4–6 gestoßene Eiswürfel
1 Zitronenscheibe

FÜR 1 PERSON

Dieser Cocktail ist wahrlich nicht der erste oder einzige Cocktailklassiker, aber in ihm steckt die ganze Raffinesse, die man von einem Cocktail erwartet.

1 Für einen Zuckerrand den Rand eines gekühlten Cocktailglases mit dem Zitronenachtel einreiben und in Zucker tauchen. Fest werden lassen.
2 Brandy, Curaçao, Maraschino und Zitronensaft mit Eis in einen Shaker geben und kräftig schütteln.
3 In das vorbereitete Glas abseihen und mit der Zitronenscheibe garnieren.

Brandy Alexander

2 cl Brandy
2 cl dunkler Crème de Cacao
2 cl Crème double
Eis
geriebene Muskatnuss

FÜR 1 PERSON

Ein wunderbar cremiger Drink, der als After-Dinner-Cocktail sehr beliebt ist. Das Original war der „Alexander", ein Drink auf Ginbasis.

1 Brandy, Crème de Cacao und Crème double mit Eis in einem Shaker kräftig schütteln.
2 In ein gekühltes Cocktailglas abseihen und mit etwas geriebener Muskatnuss bestreuen.

Egg Nog

1 Ei
1 EL Zucker
4 cl Brandy oder eine andere Spirituose
Milch, nach Geschmack warm oder kalt
geriebene Muskatnuss

FÜR 1 PERSON

Der ideale Drink zur Stärkung und ein großartiger Frischmacher, wenn Sie wieder mal unter dem schlechten Wetter leiden.

1 Die ersten drei Zutaten gut miteinander verquirlen und in ein großes Glas mit Milch abseihen.
2 Mit frisch geriebener Muskatnuss bestreuen.

Brave Bull

4 cl weißer Tequila
2 cl Tia Maria
4–6 gestoßene Eiswürfel
1 Zitronenschalenspirale

FÜR 1 PERSON

Spaniens historische Verbindungen mit Mexiko haben viele Spuren hinterlassen – nicht zuletzt eine Vorliebe für den Stierkampf. Ob dieser Cocktail zu Ehren des Stiers so genannt wurde oder ob er demjenigen, der den Cocktail genießt, den Mut eines Stiers verleihen soll, darf jeder selbst entscheiden.

1 Tequila und Tia Maria mit gestoßenem Eis in einem Rührglas gut verrühren.
2 In ein gekühltes Glas abseihen und mit der Zitronenschalenspirale dekorieren.

Tequila Sunrise

4 cl weißer Tequila
4–6 gestoßene Eiswürfel
Orangensaft
2 cl Grenadine

FÜR 1 PERSON

Diesen Cocktail sollten Sie in aller Ruhe zubereiten, sonst gelingt Ihnen der schöne „Sunrise"-Effekt nicht, wenn sich die Grenadine langsam mit dem Orangensaft mischt.

1 Tequila über gestoßenes Eis in ein gekühltes Highballglas gießen und mit Orangensaft auffüllen. Gut umrühren.
2 Die Grenadine langsam dazugießen und mit einem Trinkhalm servieren.

Margarita

1 Limettenachtel
grobes Salz
6 cl weißer Tequila
2 cl Triple Sec oder Cointreau
4 cl Limettensaft
4–6 gestoßene Eiswürfel
1 Limettenscheibe

FÜR 1 PERSON

Die übliche Art, Tequila zu trinken, kennen wir alle: Etwas Salz auf den Handrücken zwischen Daumen und Zeigefinger streuen, ablecken, den Tequila hinterherschütten und zum Schluss eine Zitronenscheibe aussaugen. Kultivierter ist die Margarita, die 1942, wahrscheinlich von Francisco Morales, in Mexiko erfunden wurde.

1 Den Rand eines gekühltes Cocktailglases mit dem Limettenachtel einreiben und in das grobe Salz tauchen.
2 Fest werden lassen. Dann Tequila, Triple Sec und Limettensaft mit gestoßenem Eis in einem Shaker kräftig schütteln.
3 In das vorbereitete Glas abseihen und mit der Limettenscheibe dekorieren.

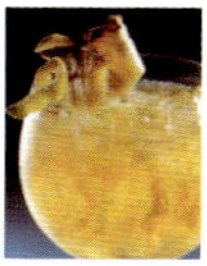

Sherry Cobbler

6–8 fein gestoßene Eiswürfel
$^1/_4$ EL Zuckersirup
$^1/_4$ EL White Curaçao
8 cl Amontillado-Sherry
einige Ananasstücke
1 Zitronenschalenspirale

FÜR 1 PERSON

Ein Longdrink, der mit Sirup zubereitet und mit frischen Früchten garniert wird. Sherry Cobbler ist das Original, es gibt jedoch inzwischen zahlreiche und nicht selten sehr viel stärkere Varianten.

1 Ein Weinglas mit gestoßenem Eis füllen.
2 Zuckersirup und Curaçao dazugießen und gut umrühren.
3 Den Sherry dazugießen und umrühren.
4 Mit den Ananasstücken und mit der Zitronenschalenspirale dekorieren.

Moderne Klassiker

Road Runner

4 cl Gin
1 cl Vermouth Dry
1 cl Pernod
1 TL Grenadine
4–6 gestoßene Eiswürfel

FÜR 1 PERSON

Ob der Drink nun nach dem Vogel, dem Rennkuckuck oder nach dem Erzfeind von Willi Koyote benannt ist, sei dahingestellt. In jedem Fall ist es ein Cocktail zum Relaxen nach einem hektischen Tag und nicht zum Losrennen.

1 Gin, Vermouth, Pernod und Grenadine mit Eis in einem Shaker kräftig schütteln.
2 In ein gekühltes Weinglas abseihen.

Bleu Bleu Bleu

2 cl Gin
2 cl Wodka
2 cl Tequila
2 cl Blue Curaçao
2 cl frisch gepresster Zitronensaft
2 Spritzer Eiweiß
fein gestoßenes Eis
Sodawasser

FÜR 1 PERSON

Ein ziemlich hochprozentiger Longdrink – besser, man verzichtet auf einen zweiten …

1 Alle Zutaten außer dem Sodawasser mit Eis in einem Shaker mischen und kräftig schütteln.
2 In ein Collinsglas mit Eis gießen und nach Geschmack mit Sodawasser auffüllen.

Mah-Jong

2 cl Gin
0,5 cl Cointreau
0,5 cl weißer Rum
Eis
1 Orangenschalenspirale

FÜR 1 PERSON

Dies ist kein chinesisches Brettspiel; aber wenn Sie zu viel davon trinken, können Sie wahrscheinlich sowieso nichts Kompliziertes mehr spielen.

1 Alle Zutaten mit etwas Eis in einem Rührglas verrühren und in ein gekühltes kleines Cocktailglas abseihen.
2 Mit der Orangenschalenspirale garnieren.

Golden Dawn

1 cl Gin
1 cl Calvados
1 cl Apricot Brandy
1 cl Mangosaft
Eis
1 Spritzer Grenadine

FÜR 1 PERSON

Wie bei einem goldenen Sonnenaufgang durchdringt das Rot der Grenadine das Orange des Cocktails.

1 Die ersten vier Zutaten mit Eis in einem Shaker mischen und kräftig schütteln.
2 In ein Cocktailglas abseihen, die Grenadine mit ruhiger Hand in einem Strahl dazugießen und den Cocktail nicht umrühren.

Bird of Paradise

1 dicke Scheibe Wassermelone (1 Stück davon für die Dekoration aufbewahren)
2 cl gekühlter Gin
2 cl Maracujasaft oder -nektar, gekühlt
1 cl Orange Curaçao, gekühlt
fein gestoßenes Eis

FÜR 1 PERSON

Manchmal wird dieser „Paradiesvogel" mit Blue Curaçao gemischt, doch Orange Curaçao verleiht ihm eine appetitlichere Farbe. Letztlich ist es Ihre Entscheidung – probieren Sie beides aus!

1 Die Wassermelone entkernen.
2 Alle Zutaten mit gestoßenem Eis im Mixer zu einem halbgefrorenen Drink verarbeiten.
3 In einen Tumbler oder ein großes Cocktailglas gießen und mit dem Melonenstück dekorieren. Nach Belieben mit einem Löffel servieren.

Missippi Fizz

4 cl Gin
2 cl frisch gepresster Limettensaft
2 cl Maracujasirup
0,5 cl Zuckersirup
3 Spritzer Orangenblütenwasser
2 cl Sodawasser
fein gestoßenes Eis

FÜR 1 PERSON

Dieser Fizz steckt voll Frucht und besitzt den feinen Geschmack von gefrorenem Gin.

1 Alle Zutaten in einen Mixer geben und auf hoher Stufe einige Sekunden schaumig mixen.
2 In ein großes geeistes Cocktailglas oder Highballglas gießen und mit einem Trinkhalm servieren.

Fallen Angel

1 Spritzer Angostura
Saft von 1 Zitrone oder Limette
4 cl Gin
Eis
2 Spritzer grüner Crème de Menthe

FÜR 1 PERSON

Minze und Zitrone harmonieren ausgezeichnet mit Gin. Die faszinierende gelbgrüne Farbkombination erreichen Sie allerdings nur mit grünem Minzlikör.

1 Die ersten drei Zutaten mit Eis in einem Shaker kräftig schütteln und in ein Cocktailglas abseihen.
2 Kurz vor dem Servieren zwei Spritzer Crème de Menthe darübergeben.

Bulldog

4 cl Gin
2 cl frisch gepresster Orangensaft
Eis
Ginger Ale
Orangenscheibe

FÜR 1 PERSON

Eine sehr erfrischende Variante des klassischen Gin and Orange.

1 Gin und Orangensaft mit Eis in einem mittelgroßen Tumbler mischen.
2 Mit Ginger Ale auffüllen und mit einer Orangenscheibe garnieren.

Cat’s Eye

4 cl Gin
3 cl Vermouth Dry
1 cl Kirschwasser
1 cl Triple Sec
1 cl Zitronensaft
4–6 gestoßene Eiswürfel
1 cl Wasser

FÜR 1 PERSON

Cat’s eye („Katzenauge") hat viele Bedeutungen. Es bezeichnet z. B. einen Halbedelstein oder eine gestreifte Murmel. Hier leiht es seinen Namen einem starken Cocktail, der schön ist wie ein Edelstein, aber sicher für bessere Laune sorgt als Murmelspielen.

1 Gin, Vermouth, Kirschwasser, Triple Sec und Zitronensaft mit Eis in einem Shaker mischen und kräftig schütteln.
2 In ein gekühltes Glas abseihen, etwas eisgekühltes Wasser dazugießen und servieren.

Vodkatini Caipiroshka

2 cl Wodka
Eis
1 Spritzer Vermouth Dry
1 Olive oder
Zitronenschalenspirale

FÜR 1 PERSON

Der berühmte Agent 007 machte den Gebrauch von Wodka statt Gin als Basis für den Martini populär. Dies ist auch der Grund, warum der Vodkatini inzwischen als eine sehr stilvolle und köstliche Alternative akzeptiert wird.

1 Den Wodka mit einer Hand voll Eis in ein Rührglas geben.
2 Den Vermouth dazugießen, gut umrühren und in ein Cocktailglas abseihen.
3 Mit der Olive oder Zitronenschalenspirale garnieren.

Chilly Willy

4 cl Wodka
gestoßene Eiswürfel
1 TL frisch gehackte Chili

FÜR 1 PERSON

Ein Cocktail für besonders Hartgesottene. Seine Schärfe hängt nicht nur von der verwendeten Chilisorte und -menge ab, sondern auch davon, ob die Kerne der Chilischote vor dem Mixen entfernt wurden. Wenn Ihnen der Drink immer noch nicht scharf genug ist, nehmen Sie statt einfachem Wodka Chili-Wodka.

1 Den Wodka mit Eis und Chili in einem Shaker kräftig schütteln.
2 In einen gekühlten kleinen Tumbler abgießen.

Golden Tang

4 cl Wodka
2 cl Strega
1 cl Crème de Banane
1 cl Orangensaftkonzentrat
gestoßenes Eis
1 Kirsche
1 Orangenscheibe

FÜR 1 PERSON

Sommerliche Farben und herbstliche Aromen von Früchten und Kräutern vereinen sich in diesem köstlichen, erfrischenden Cocktail.

1 Die ersten vier Zutaten mit Eis in einem Shaker mischen und kräftig schütteln.
2 In ein gekühltes Glas abseihen und mit der Kirsche und der Orangenscheibe dekorieren.

Bay Breeze

4 cl Cranberry-Apfel-Nektar
4 cl Ananassaft
4 cl Wodka
Eis
Tonic Water
je 1 Limetten- und Ananasscheibe

FÜR 1 PERSON

Der neue klare Cranberrysaft eignet sich perfekt zum Mixen erfrischender Cocktailkreationen. Er schmeckt weniger intensiv als der rote, dafür aber wunderbar fruchtig.

1 Die ersten drei Zutaten mit Eis in einem Shaker mischen und kräftig schütteln.
2 In ein Collinsglas abseihen und nach Geschmack mit Tonic Water auffüllen.
3 Mit der Limettenscheibe und der Ananasscheibe dekorieren.

Seabreeze

3 cl Wodka
1 cl Cranberrysaft
Eis
rosa Grapefruitsaft

FÜR 1 PERSON

Der mildere rosa Grapefruitsaft ist ideal für Cocktails, die nur eine feinsäuerliche Note erhalten sollen. Spüren Sie die Meeresbrise?

1 Wodka und Cranberrysaft mit Eis in einem Shaker kräftig schütteln.
2 In einen gekühlten Tumbler oder ein Longdrinkglas gießen und nach Geschmack mit rosa Grapefruitsaft auffüllen.
3 Mit einem Trinkhalm servieren.

Angelic

1 cl Galliano
1 cl Southern Comfort
2 cl Wodka
1 Spritzer Eiweiß
Eis
Orangen- oder Ananassaft
1 Ananasecke

FÜR 1 PERSON

Sieht unschuldig aus wie ein Engel, ist aber mit Sicherheit kein milder Cocktail.

1 Die ersten vier Zutaten mit Eis in einem Shaker mischen und kräftig schütteln.
2 In ein mit Eis gefülltes Collinsglas abseihen und nach Geschmack mit Orangen- oder Ananassaft auffüllen.
3 Mit einer Ananasecke dekorieren.

Dry Smile

2 cl Cinzano Extra Dry
2 cl Mandarinen-Wodka
1 cl Orange Curaçao
Saft von 1/2 Zitrone
1 EL Erdbeersirup
Eis
Ananassaft
1 halbierte Erdbeere

FÜR 1 PERSON

Wenn Sie sehr trockene Drinks lieben, halten Sie sich mit dem Ananassaft zurück, bis Sie den Cocktail gekostet haben.

1 Die ersten fünf Zutaten mit Eis in einem Shaker mischen und kräftig schütteln.
2 In ein Longdrinkglas gießen und nach Geschmack mit Ananassaft auffüllen.
3 Mit der Erdbeere dekorieren.

Full Monty

2 cl Wodka
2 cl Galliano
4–6 gestoßene Eiswürfel
geriebene Ginsengwurzel (wenn keine erhältlich ist, nehmen Sie frischen Ingwer)

FÜR 1 PERSON

Der englische Ausdruck „The full monty" – zu Deutsch „das volle Programm" – existiert schon sehr lange und kam mit der britischen Komödie dieses Titels (dt.: „Ganz oder gar nicht") wieder in Mode. Beim Mixen und Trinken des Cocktails dürfen Sie Ihre Kleider ruhig anlassen!

1 Den Wodka und Galliano mit Eis in einem Shaker mischen und kräftig schütteln.
2 In ein gekühltes Cocktailglas abseihen und mit geriebener Ginsengwurzel bestreuen.

Cinnamon Park

2 cl Wodka
4 cl rosa Grapefruitsaft
1 cl Campari
1 Spritzer Zuckersirup
1–2 Prisen Zimt
1 Eiweiß
Eis

FÜR 1 PERSON

Ein Hauch von Zimt kann fruchtigen Cocktails die besondere Note verleihen. Geben Sie ihn nach Geschmack in den Drink, oder streuen Sie ihn kurz vor dem Servieren darüber. Experimentieren Sie ruhig auch mit anderen Gewürzen!

1 Alle Zutaten mit Eis in einen Shaker geben und kräftig schütteln.
2 In eine gekühlte Cocktailschale abseihen.

Vodga

4 cl Wodka
2 cl Strega
1 cl Orangensaft
4–6 gestoßene Eiswürfel

FÜR 1 PERSON

Klassische Wodka-Cocktails sollten früher vor allem den Kick eines alkoholischen Getränkes vermitteln, ohne eine verräterische Alkoholfahne zu verursachen. Meist handelte es sich um recht einfache Mixturen aus Wodka, Fruchtsäften und anderen alkoholfreien Getränken. Moderne Wodka-Cocktails beinhalten dagegen oft Brände und Liköre, denen der Wodka zusätzliche Stärke verleiht.

1 Wodka, Strega und Orangensaft mit Eis in einem Shaker mischen und kräftig schütteln.
2 In ein gekühltes Cocktailglas abseihen.

Russian Double

2 cl klarer Wodka, geeist
(z. B. Smirnoff Red Vodka)
Zitronen- oder
Orangenschalenstreifen
2 cl Zitronenwodka, geeist

FÜR 1 PERSON

Das ist ein gehaltvolles Doppel – seien Sie vorsichtig mit den Mengen!

1 Den klaren Wodka in ein gekühltes Shotglas gießen.
2 Den Zitrusschalenstreifen dazugeben; den Zitronenwodka behutsam daraufgießen.

Polynesian Pepper Pot

4 cl Wodka
2 cl goldener Rum
8 cl Ananassaft
1 cl Mandelsirup
1 TL Zitronensaft
gestoßene Eiswürfel
$^1/_4$ TL Cayennepfeffer
1 Spritzer Tabasco
1 Messerspitze Currypulver

FÜR 1 PERSON

Es mag seltsam erscheinen, einen süßen Drink herzustellen und ihn anschließend mit Pfeffer und Curry zu würzen. In der Südsee existiert jedoch eine lange und anerkannte kulinarische Tradition, nach der die etwas säuerlich schmeckende Ananas auf diese Art zubereitet wird.

1 Wodka, Rum, Ananassaft, Mandelsirup und Zitronensaft mit Eis in einem Shaker mischen. Cayennepfeffer und Tabasco hinzufügen.
2 Kräftig schütteln.
3 In ein gekühltes Glas abseihen und mit dem Currypulver bestreuen.

Seeing Red

2 cl roter Wodka
2 cl Pfirsichbrand
6 cl Cranberrysaft
fein gestoßenes Eis
Sodawasser
3–4 geforene Cranberries

FÜR 1 PERSON

Dieser Cocktail hat es in sich; die lebhafte rote Farbe kommt vom Cranberrysaft.

1 Die ersten drei Zutaten mit Eis in einem Shaker mischen und kräftig schütteln.
2 In ein gekühltes großes Cocktailglas abseihen und mit Sodawasser auffüllen.
3 Mit den gefrorenen Cranberries garniert servieren.

Crocodile

4 cl Wodka
2 cl Triple Sec
2 cl Midori
4 cl Zitronensaft
4–6 gestoßene Eiswürfel

FÜR 1 PERSON

Dies ist ein pfiffiger Cocktail mit Biss. Seinen Namen hat der Drink jedoch wohl wegen seiner spektakulären Farbe, für die der Midori, ein intensiv grüner japanischer Melonenlikör, verantwortlich ist.

1 Wodka, Triple Sec, Midori und Zitronensaft mit Eis in einem Shaker mischen und kräftig schütteln.
2 In ein gekühltes Cocktailglas abseihen.

Anouschka

2 cl Wodka, geeist
1 Spritzer schwarzer Sambuca
1 Spritzer Crème de Mure
einige Brombeeren

FÜR 1 PERSON

Sambuca wird mit Anis und Holunder aromatisiert und ist deshalb nicht jedermanns Geschmack. Doch in Kombination mit einem Spritzer Brombeerlikör und geeistem Wodka schmeckt er einfach sagenhaft gut.

1 Den Wodka in ein gekühltes Shotglas gießen.
2 Zuerst den Sambuca, dann den Spritzer Crème de Mure hinzufügen.
3 Mit frischen oder gefrorenen Brombeeren garnieren.

Twin Peaks

4 cl Bourbon
2 cl Benedictine
2 cl Limettensaft
1 Spritzer Triple Sec
4–6 gestoßene Eiswürfel
1 Limettenscheibe

FÜR 1 PERSON

Der nach einem Verwaltungsbezirk in Kentucky benannte Bourbon wird aus mindestens 51 % Maismaische destilliert und ist der beliebteste Whiskey der USA.
Er bildet die Grundlage für deutlich mehr Cocktails als sein schottisches Pendant.

1 Bourbon, Benedictine, Limettensaft und Triple Sec mit Eis in einen Shaker geben und kräftig schütteln.
2 In ein gekühltes Highballglas abseihen und mit der Limettenscheibe dekorieren.

The Algonquin

1 cl Rye Whiskey
1 cl Vermouth Dry
0,5 cl Ananassaft
Eiswürfel

FÜR 1 PERSON

Stil und Raffinesse sind der Schlüssel zu diesem Drink, der aus dem berühmten Algonquin Hotel in New York stammt.

1 Alle Zutaten mit Eis in einem Shaker mischen und kräftig schütteln.
2 In ein mit Eis gefülltes Old-Fashioned-Glas abseihen.

Godfather

4–6 gestoßene Eiswürfel
4 cl Scotch Whisky
2 cl Amaretto

FÜR 1 PERSON

Möglicherweise wurde dieser Cocktail mit dem italienischen Mandellikör von Don Corleone inspiriert, dem „Paten" aus dem Bestseller-Roman von Mario Puzo, den Marlon Brando im Film so unvergesslich porträtierte.

1 Ein gekühltes Highballglas mit gestoßenen Eiswürfeln füllen.
2 Whisky und Amaretto darübergießen und verrühren.

19th Green

3 cl Irish Whiskey
2 cl Green Curaçao
Eis
Dry Ginger Ale

FÜR 1 PERSON

Whiskey mit einem Kick, perfekt für nasskalte Tage auf dem Golfplatz.

1 Whiskey und Curaçao in einem Tumbler mit Eis verrühren.
2 Mit Ginger Ale auffüllen.

Dandy

1 cl Rye Whiskey
1 cl Dubonnet
1 Spritzer Angostura
3 Spritzer Cassis
Eis
einige gefrorene Beeren

FÜR 1 PERSON

Das zum Schluss hinzugefügte Johannisbeeraroma verleiht diesem Drink die besondere Note.

1 Die ersten vier Zutaten mit Eis verrühren und in ein geeistes Shotglas gießen.
2 Mit den gefrorenen Beeren dekorieren.

Irish Shillelagh

4–6 fein gestoßene Eiswürfel
4 cl Irish Whiskey
2 cl Zitronensaft
1 cl Sloe Gin
1 cl weißer Rum
$^1/_2$ TL Zuckersirup
$^1/_2$ Pfirsich, geschält, entsteint und fein gewürfelt
2 Himbeeren

FÜR 1 PERSON

Ein Shillelagh („schih-ley-lih" ausgesprochen) ist ein hölzerner Knüppel, der traditionell aus Schwarzdorn hergestellt wird. Hier leiht er seinen Namen einem Cocktail, der zweifelsohne alles schlägt.

1 Das gestoßene Eis in einen Mixer geben. Whiskey, Zitronensaft, Sloe Gin, Rum, Zuckersirup und den Pfirsich hinzufügen.
2 Glatt mixen und in ein gekühltes Highballglas gießen. Mit den Himbeeren dekorieren.

Black Watch

2 cl Scotch Whiskey
1cl Kahlúa oder anderer Kaffeelikör
Eis
Sodawasser

FÜR 1 PERSON

Eine ungewöhnliche Version von Whiskey Soda – und ein großartiger Drink, der zu jeder Tages- und Nachtzeit gut ankommt.

1 Whiskey und Likör mit einigen Eiswürfeln in einem großen Tumbler vermischen.
2 Nach Geschmack mit Sodawasser aufgießen.

Mount Etna

4 cl Whisky
4 cl Orangensaft
$^1/_2$ ausgedrückte Limette mit Saft
3 cl Cointreau

FÜR 1 PERSON

Wie zu erwarten, handelt es sich hier um einen ziemlich explosiven Cocktail. Vielleicht klappt's nicht gleich beim ersten Mal, doch wenn, sollten Sie Vorsicht walten lassen.

1 Whisky, Orangen- und Limettensaft in einem Old-Fashioned-Glas verrühren.
2 Die halbe Limette in einem kleinen Topf etwa 10 Minuten im Cointreau einweichen.
3 Cointreau bei niedriger Hitze erwärmen. Limette auf einen großen Löffel setzen, Cointreau hineingießen und anzünden.
4 Limette sofort in das Glas setzen. Die Flammen ausgehen lassen, den Glasrand vor dem Servieren abkühlen lassen.

Highland Fling

4–6 gestoßene Eiswürfel
1 Spritzer Angostura
4 cl Scotch Whisky
2 cl Vermouth Sweet
1 Cocktailolive

FÜR 1 PERSON

Blended Whisky eignet sich am besten zum Mischen von Cocktails. Edlen Single Malt sollte man stets pur oder mit etwas Wasser trinken, und billigen Fusel, der mehr Rachenputzer als Whisky ist, kann man mit noch so vielen Getränken mischen – das Resultat wird stets mehr an Raketentreibstoff als an einen Cocktail erinnern.

1 Gestoßenes Eis in ein Rührglas geben.
2 Angostura darüberspritzen.
3 Whisky und Vermouth dazugießen.
4 Gut umrühren, in ein gekühltes Glas abseihen und mit der Olive dekorieren.

Hayden's Milk Float

4 cl weißer Rum
2 cl Kirschwasser
2 cl weißer Crème de Cacao
2 cl Sahne
4–6 gestoßene Eiswürfel
fein geraspelte Schokolade
1 Cocktailkirsche

FÜR 1 PERSON

Rum, Kirsche, Schokolade und Sahne – dieser Cocktail besitzt alle Aromen für einen schier unwiderstehlichen Drink.

1 Rum, Kirschwasser, Crème de Cacao und Sahne mit Eis in einen Shaker geben und kräftig schütteln.
2 In ein gekühltes Highballglas abseihen.
3 Mit der Schokolade bestreuen und mit der Cocktailkirsche dekorieren.

Rum Cooler

2 gestoßene Eiswürfel
Saft von 1 Limette
3 cl Rum
3 cl Ananassaft
1 halbreife Banane, in groben Stücken
gestoßenes Eis
1 langer Limettenschalenstreifen

FÜR 1 PERSON

Der charakteristische Geschmack und der Duft von Rum harmonieren mit vielen exotischen Früchten – probieren Sie diesen Cocktail auch mal mit Mango und Litschi!

1 Alle Zutaten bis auf den Limettenschalenstreifen in einem Mixer etwa 1 Minute zu einem glatten Drink verarbeiten.
2 In ein gekühltes Glas mit gestoßenem Eis abseihen.
3 Mit dem Limettenschalenstreifen dekorieren und servieren.

Bishop

4–6 gestoßene Eiswürfel
1 Spritzer Zitronensaft
2 cl weißer Rum
1 TL Rotwein
1 Prise Zucker

FÜR 1 PERSON

Ob die Farbe dieses Drinks dem Bischofsmantel nachempfunden ist? In jedem Fall werden Sie zu einem Schachspiel (die Figur des Läufers heißt im Englischen ebenfalls „Bischof") nach einigen Gläschen kaum mehr fähig sein.

1 Den Zitronensaft über das Eis spritzen, weißen Rum und Rotwein dazugießen und 1 Prise Zucker hinzufügen.
2 In einem Shaker mischen und kräftig schütteln.
3 In ein gekühltes Weinglas abseihen.

Dragon Lady

2 cl goldener Rum
2 cl Orangensaft
1 Spritzer White Curaçao
1 Spritzer Grenadine
Eis
Bitter Lemon, gekühlt
1 Orangenscheibe
1 Orangenschalenstreifen

FÜR 1 PERSON

Die üppigen Aromen von Orange, Granatapfel und Zitrone ergeben mit dem weißen Rum einen wunderbaren Longdrink für heiße Tage.

1 Die ersten vier Zutaten mit Eis in den Shaker geben und schütteln. In ein mit Eis gefülltes Highballglas abseihen und mit Bitter Lemon aufgießen.
2 Mit Orangenscheibe und -schale garnieren.

Yellow Bird

1 mittelgroße reife Ananas
6 cl brauner Rum
4 cl Triple Sec
4 cl Galliano
2 cl Limettensaft
Eiswürfel
je 6 Ananasblätter
und -scheiben

FÜR 6 PERSONEN

Für diesen Drink sollten Sie wirklich eine frische Ananas verwenden. Am besten machen Sie gleich einen ganzen Krug voll davon und laden Ihre Freunde dazu ein.

1 Die Ananas 30 Sekunden in einem Mixer zerkleinern, dann die nächsten vier Zutaten dazugeben und mit dem Fruchtfleisch weitere 10–20 Sekunden glatt mixen.
2 In große, mit Eis gefüllte Cocktailgläser oder Tumbler gießen und mit den Ananasblättern und -scheiben dekorieren.

Nirvana

4 cl brauner Rum
1 cl Grenadine
1 cl Tamarindensirup
1 TL Zuckersirup
8–10 gestoßene Eiswürfel
Grapefruitsaft

FÜR 1 PERSON

Mag sein, dass man durch einen Cocktail nicht in den Zustand ewiger Harmonie und Glückseligkeit gelangen kann. Nach dem Genuss dieses Drinks stellen sich aber bestimmt Hochgefühle ein …

1 Rum, Grenadine, Tamarindensirup und Zuckersirup mit etwas Eis in einem Shaker mischen und kräftig schütteln.
2 Ein Collinsglas zur Hälfte mit dem übrigen gestoßenen Eiswürfeln füllen und den Cocktail darüber abseihen.
3 Mit Grapefruitsaft auffüllen.

Dark and Stormy

4 cl Mount Gay Rum
2 cl Limettensaft
1 cl Zuckersirup
Eis
Ginger Beer
einige Limettenschalenstreifen und Limettenscheiben

FÜR 1 PERSON

Goldener Rum besitzt einen weichen, etwas milderen Geschmack; für diesen stürmischen Mix können Sie aber auch braunen Rum nehmen.

1 Die ersten drei Zutaten mit Eis in einem Shaker mischen und kräftig schütteln.
2 In ein gekühltes Highballglas abseihen und nach Geschmack mit Ginger Beer auffüllen.
3 Mit Limettenschalenstreifen und Limettenscheiben garnieren.

The Bacardi Cocktail

4 cl Bacardi Rum
2 TL frisch gepresster Limettensaft
1 Spritzer Grenadine
Zucker oder Zuckersirup (nach Geschmack)
Eis

FÜR 1 PERSON

Weißer Rum, der oft mit Bacardi gleichgesetzt wird, bildet die Basis vieler bekannter Cocktails. Dies ist einer von ihnen – natürlich muss er mit Bacardi hergestellt werden.

1 Die Zutaten mit Eis in einen Shaker geben, kräftig schütteln und in ein flaches Cocktailglas abseihen.
2 Mit einem Trinkhalm servieren.

Golden Galleon

2 cl Brandy
2 cl Galliano
2 cl Maracujasaft
1 Spritzer Zitronensaft
Eiswürfel

FÜR 1 PERSON

Durch den tiefgelben Galliano und den Maracujasaft erhält dieser Cocktail nicht nur seinen fruchtigen Geschmack, sondern auch seine intensive goldene Farbe.

1 Alle Zutaten in einem Rührglas gut verrühren.
2 In einen mit Eis gefüllten Tumbler abseihen und mit einem Stirrer servieren.

Atomic

2,5 cl Cognac
1,5 cl Grand Marnier
0,5 cl Blue Curaçao
Eis
6 cl tropischer Fruchtsaft
1 TL Fraise
1 Kiwischeibe

FÜR 1 PERSON

Dieser etwas gefährlich aussehende Cocktail schmeckt ausgezeichnet – nach Orangen, Erdbeeren und tropischen Früchten!

1 Die ersten drei Zutaten mit Eis in einem Shaker mischen und kräftig schütteln.
2 In ein gekühltes Highballglas abseihen und mit Fruchtsaft auffüllen.
3 Einige Tropfen Fraise darüberträufeln und den Cocktail mit der Kiwischeibe dekorieren.
4 Mit einem Trinkhalm servieren.

Red Magic

4–6 gestoßene Eiswürfel
Spritzer Triple Sec
2 cl Brandy
2 cl Madeira

FÜR 1 PERSON

Nippen Sie langsam an diesem Cocktail, und warten Sie, bis Ihnen ganz warm ums Herz wird.

1 Das gestoßene Eis in ein Rührglas geben und etwas Triple Sec darüberspritzen.
2 Brandy und Madeira zugießen und gut verrühren.
3 In ein gekühltes Cocktailglas abseihen und servieren.

FBR

6–8 fein gestoßene Eiswürfel
4 cl Brandy
3 cl weißer Rum
1 EL Zitronensaft
1 TL Zuckersirup
1 Eiweiß

FÜR 1 PERSON

Eine Reihe von Cocktails kennt man nur unter ihren Anfangsbuchstaben. FBR z. B. ist die Abkürzung für „Frozen Brandy and Rum". Andere Abkürzungen klingen manchmal recht merkwürdig, in ein oder zwei Fällen sogar leicht anstößig.

1 Alle Zutaten in einen Mixer geben und zu einem halbgefrorenen Drink verarbeiten.
2 Den Drink in ein gekühltes Highballglas gießen.

American Beauty

2 cl Brandy
2 cl Vermouth Dry
2 cl Grenadine
2 cl Orangensaft
1 Spritzer weißer Crème de Menthe
Eis
2–3 Spritzer Portwein

FÜR 1 PERSON

Dieser opulente Cocktail hat es in sich. Hüten Sie sich vor zu vielen „Beautys" – genießen Sie sie lieber langsam und ganz bewusst.

1 Alle Zutaten bis auf den Portwein in einen Shaker geben und kräftig schütteln.
2 In ein gekühltes Cocktailglas abseihen und den Portwein langsam darübergießen, damit er oben bleibt.
3 Sofort trinken.

Triple Champion

Eis
2 cl Cinzano Bianco
2 cl Triple Sec
2–4 cl rosa Grapefruitsaft
1 cl roter Portwein

FÜR 1 PERSON

Rosa Grapefruitsaft schmeckt süßer und milder als der klassische weiße und ist zum Mischen von Cocktails optimal geeignet.

1 Eis in einen großen Tumbler geben.
2 Alle Zutaten dazugießen und verrühren.

Raffles

2 cl weißer Vermouth
0,5 cl Gin
0,5 cl Campari
Eis
1 Orangenscheibe

FÜR 1 PERSON

Ein beliebter Cocktail aus der Kolonialzeit – bevor der Gin Tonic ihm die Show stahl.

1 Alle Zutaten bis auf die Orangenscheibe mit Eis in einem gekühlten mittelgroßen Tumbler gut verrühren.
2 Die Orangenscheibe darüber ausdrücken und ins Glas geben.

Americano

2 cl Campari
2 cl Vermouth Sweet
Eis
Sodawasser
1 Orangen- oder Zitronenschalenspirale

FÜR 1 PERSON

Ein leichter, erfrischender Cocktail für Liebhaber von bittersüßem Campari, der je nach Gelegenheit stark oder schwach macht.

1 Campari und Vermouth in ein mit Eis gefülltes Collinsglas gießen.
2 Gut verrühren und mit Sodawasser auffüllen.
3 Mit der Orangen- oder Zitronenschalenspirale dekorieren.

Teaser

2 cl Tequila
2 cl Orangenlikör
2 cl frisch gepresster Limettensaft
1 Spritzer Eiweiß
Eis
1 Limettenscheibe oder Limettenschalenspirale

FÜR 1 PERSON

Glauben Sie nur nicht, dass es sich hier lediglich um ein gut gekühltes Glas Fruchtsaft handelt!

1 Alle Zutaten bis auf die Limettenscheibe mit Eis in einen Shaker geben und kräftig schütteln.
2 In ein gekühltes Cocktailglas gießen und mit der Limettenscheibe oder Limettenschalenspirale und einem Eiswürfel garnieren.

Huatusco Whammer

2 cl weißer Tequila
1 cl weißer Rum
1 cl Wodka
1 cl Gin
1 cl Triple Sec
2 cl Zitronensaft
$^1/_2$ TL Zuckersirup
4–6 gestoßene Eiswürfel
Cola

FÜR 1 PERSON

Einen echten Huatusco Whammer füllt man mit Coca-Cola auf; Sie können aber natürlich auch eine andere Sorte verwenden.
In jedem Fall muss die Cola gut gekühlt sein.

1 Alle Zutaten außer der Cola in einen Shaker geben und kräftig schütteln.
2 Ein gekühltes Collinsglas mit gestoßenen Eiswürfeln füllen und den Cocktail darüber abseihen.
3 Mit Cola auffüllen, langsam umrühren und mit Trinkhalmen servieren.

Carolina

6 cl brauner Tequila
1 TL Grenadine
2 Tropfen Vanillearoma
2 cl Sahne
4–6 gestoßene Eiswürfel
1 Eiweiß
Zimt
1 Cocktailkirsche

FÜR 1 PERSON

Manche Drinks verlangen einfach nach dem samtigen Geschmack des braunen Tequila.

1 Tequila, Grenadine, Vanillearoma, Sahne und Eis in einen Shaker geben; zuletzt das Eiweiß hinzufügen.
2 Kräftig schütteln und in ein gekühltes Cocktailglas abseihen.
3 Mit Zimt bestreuen und mit der Cocktailkirsche dekorieren.

Tequila Steeler

2 cl Tequila
1 cl weißer Rum
1 cl Wodka
0,5 cl Kokoscreme
1 Spritzer Limettensaft
einige Tropfen Grenadine
Eis
1 Rosenblüte oder einige Blütenblätter
1 Limettenschalenstreifen

FÜR 1 PERSON

Die sahnige Kokoscreme macht diesen hochprozentigen Cocktail etwas milder. Lassen Sie sich aber durch die rosa Farbe dieses Drinks nicht täuschen!

1 Die ersten sechs Zutaten mit Eis in einem Shaker kräftig schütteln.
2 In ein gekühltes Glas gießen und mit Rosenblüte oder Rosenblütenblättern sowie dem Limettenstreifen dekorieren.

El Diablo

6–8 gestoßene Eiswürfel
2–3 Streifen Limettenschale
2 cl Limettensaft
6 cl weißer Tequila
2 cl Cassis

FÜR 1 PERSON

Ein oder zwei Diablos, und Sie werden den Teufel in sich spüren – doch ein oder zwei zu viel, und Sie werden zum Leibhaftigen ...

1 Ein kleines gekühltes Glas mit Eis füllen, die Limettenschalenstreifen, den Limettensaft, den Tequila und den Cassis hinzufügen.
2 Gut umrühren und servieren.

Tequila Mockingbird

4 cl weißer Tequila
2 cl weißer Crème de Menthe
2 cl frisch gepresster Limettensaft
4–6 gestoßene Eiswürfel

FÜR 1 PERSON

Dieser Cocktail entwickelt sich gerade in Windeseile zu einem modernen Klassiker.

1 Tequila, Crème de Menthe und Limettensaft mit Eis in einem Shaker mischen und kräftig schütteln.
2 In ein gekühltes Cocktailglas abseihen.

Coco Roco

4 cl frisches Kokoswasser
1 cl weißer Rum
1 cl Apricot Brandy
1 cl Kokosmilch
8–10 fein gestoßene Eiswürfel

FÜR 1 PERSON

Servieren Sie diesen Kokoscocktail in einer echten Kokosnuss!

1 Die ersten vier Zutaten mit Eis in einem Mixer etwa 5 Sekunden mixen.
2 Den Cocktail in einer Kokosnuss oder einem gekühlten Tumbler mit zwei Trinkhalmen servieren.

Bombshell

4 cl trockener Marsala
2 cl Tequila
1 Schuss Campari
1 Schuss Cherry Brandy
Eis
1 Zitronenstück

FÜR 1 PERSON

Tequila verleiht jedem Cocktail einen Kick, doch dieser Drink ist wirklich nicht so stark, wie der Name vermuten lässt!

1 Die Zutaten, außer dem Zitronenstück, mit Eis in ein Rührglas geben und verrühren.
2 In einen kleinen Tumbler oder ein Cocktailglas abseihen und mit dem Zitronenstück garnieren.

Adonis

2 cl Sherry
1 cl roter Vermouth
1 Spritzer Orangenbitter
Eis
1 Orangenschalenstreifen

FÜR 1 PERSON

Der Sherry verleiht diesem Drink die besondere Note. Wählen Sie zwischen trockenem, süßem und dem leicht nussig schmeckenden Amontillado.

1 Die flüssigen Zutaten mit Eis in einem gekühlten mittelgroßen Tumbler gut verrühren.
2 Mit dem Orangenschalenstreifen dekorieren.

Which Way?

2 cl Pernod
2 cl Anisette
2 cl Brandy
gestoßene Eiswürfel

FÜR 1 PERSON

Mit Anis aromatisierte Spirituosen wie Pernod sind in den heutigen Cocktailbars sehr beliebt und bilden nicht selten die Grundlage für sehr starke Drinks.

1 Pernod, Anisette und Brandy mit Eis in einem Shaker kräftig schütteln.
2 In ein gekühltes Weinglas abseihen.

Watermelon Man

8 cl trockener Weißwein
1 Spritzer Grenadine
4 große Wassermelonenstücke
1 Schaufel fein gestoßenes Eis
1 Wassermelonenstück, zum Dekorieren

FÜR 1 PERSON

Die Wassermelone ist sehr farbintensiv und aromatisch, deshalb eignet sie sich gut zum Mischen von Cocktails. Verwenden Sie aber nicht zu viel davon, außer Sie möchten einen hochprozentigen Drink verlängern.

1 Die ersten vier Zutaten in einen Mixer geben und 5–10 Sekunden mixen.
2 In ein Collinsglas gießen und mit dem übrigen Stück Wassermelone auf einem Cocktailspießchen dekorieren.

Perlende Cocktails

French 75

4 cl Brandy
2 cl Zitronensaft
1 EL Zuckersirup
gestoßene Eiswürfel
Champagner, gekühlt
1 Zitronenspirale

FÜR 1 PERSON

Wurde Anfang des 20. Jahrhunderts in einem Cocktailbuch als Drink beschrieben, der „eindeutig alles andere übertrifft". Über die exakten Zutaten dieses Klassikers scheint jedoch Unklarheit zu herrschen. Alle Rezepte enthalten zwar Champagner, unterscheiden sich aber in den übrigen Spirituosen.

1 Brandy, Zitronensaft und Zuckersirup mit Eis in einen Shaker geben und kräftig schütteln.
2 In ein gekühltes Stielglas abseihen und mit Champagner auffüllen.
3 Mit der Zitronenspirale dekorieren.

Champagne Cocktail

1 Zuckerwürfel
2 Spritzer Angostura
2 cl Brandy
Champagner, gekühlt

FÜR 1 PERSON

Wem dieser Cocktail zu süß ist, der kann den Zucker auch weglassen – für den besonderen Pfiff sorgt schon der Brandy.

1 Den Zuckerwürfel mit dem Angostura in eine gekühlte Champagnerflöte geben.
2 Den Brandy dazugießen und mit Champagner auffüllen.

Jade

0,5 cl Midori
0,5 cl Blue Curaçao
0,5 cl Limettensaft
1 Spritzer Angostura
4–6 gestoßene Eiswürfel
Champagner, gekühlt
1 Limettenscheibe, zum Dekorieren

FÜR 1 PERSON

Guter Jadestein fühlt sich stets kalt an – und das sollte auch auf Cocktails zutreffen. Eine Cocktailbar oder Hausbar kann nie genug Eis enthalten!

1 Midori, Curaçao, Limettensaft und Angostura mit Eis in einem Shaker mischen und kräftig schütteln.
2 In eine gekühlte Champagnerflöte abseihen. Mit gekühltem Champagner auffüllen und mit einer Limettenscheibe dekorieren.

Campari Fizz

2 cl Campari
2 cl Orangensaft
fein gestoßenes Eis
Champagner, gekühlt

FÜR 1 PERSON

Der bittersüße Campari harmoniert großartig mit Orangensaft, Schaumwein oder Champagner. Schon eine kleine Menge des Kräuterlikörs sorgt für eine kräftige, rubinrote Farbe und einen intensiven Geschmack.

1 Die ersten beiden Zutaten mit Eis in einen Shaker geben, kräftig schütteln und in eine Champagnerflöte abseihen.
2 Mit Champagner auffüllen.

Buck's Fizz

4 cl Champagner, gekühlt
4 cl Orangensaft, gekühlt

FÜR 1 PERSON

Dieser Cocktail wurde im Londoner Buck's Club kreiert und ursprünglich ausschließlich mit Champagner aus dem Hause Bollinger zubereitet – denn je hochwertiger der Champagner, desto besser der Cocktail.

1 Den Champagner in eine Champagnerflöte gießen.
2 Mit Orangensaft auffüllen und servieren.

Champagne Cobbler

1 Glas Champagner, gekühlt
0,5 cl Curaçao
1 TL Zuckersirup
Eis
Himbeeren und andere Obststücke

FÜR 1 PERSON

Der Cobbler war zur Zeit Dickens' beliebt, als er aus Sherry, Zucker, Zitrone und Eis bestand. Diese Version besitzt einen größeren Kick und perlt viel mehr.

1 Champagner, Curaçao und Zuckersirup in einem gekühlten Rührglas mixen.
2 In ein mit Eis gefülltes Collinsglas abgießen und mit den Obststücken dekorieren.

The Footman

1 cl Gin
2 cl Orangensaft
1 Pfirsichscheibe
1 Eiswürfel
Champagner, gekühlt
1 Pfirsichscheibe, zum Dekorieren

FÜR 1 PERSON

Wenn Sie mehrere Gläser davon zubereiten, setzen Sie die Ginbasis schon vorher an, und stellen Sie sie bis zum Servieren in den Kühlschrank.

1 Alle Zutaten bis auf den Champagner und die Pfirsichscheibe, in einem Mixer etwa 10 Sekunden glatt pürieren.
2 In eine Champagnerflöte abgießen und vor dem Servieren mit Champagner auffüllen.
3 Mit der Pfirsichscheibe dekorieren.

Pear and Cinnamon Sling

4 cl Wodka
4 cl Birnenpüree
1 cl Zimtsirup
1,5 cl Cranberry-Brombeer-Nektar
Eis
Champagner, gekühlt
1 Birnenscheibe

FÜR 1 PERSON

Ist Zimtsirup nicht erhältlich, können Sie ihn auch selbst herstellen!

1 Die ersten vier Zutaten mit Eis in einem Shaker schütteln.
2 In eine gekühlte Champagnerflöte abseihen und mit Champagner auffüllen.
3 Mit der Birnenscheibe dekorieren.
Tipp: Für den Zimtsirup 250 ml Wasser mit 60 g Zucker und 2 Zimtstangen einkochen lassen. Durchs Sieb gießen, abkühlen lassen!

San Remo

1 cl Grapefruitsaft
0,5 cl Triple Sec
0,5 cl Mandarinenlikör
Eis
Champagner, gekühlt
1 gefrorene Zitrusfruchtscheibe

FÜR 1 PERSON

Wenn Sie das nächste Mal eine Zitrusfrucht aufschneiden, frieren Sie übrige Scheiben ein, und geben Sie sie kurz vor dem Servieren in den Cocktail.

1 Die ersten drei Zutaten mit dem Eis in einem Collinsglas mischen.
2 Mit Champagner auffüllen und die gefrorene Zitrusfruchtscheibe dazugeben.

Alfonso

2 cl Dubonnet
1 Stück Würfelzucker
2 Spritzer Angostura
Champagner oder Schaumwein, gekühlt
1 Orangenschalenspirale

FÜR 1 PERSON

Eine raffinierte Methode, um auch einfachen Schaumwein in einen köstlichen Cocktail zu verwandeln. Es muss ja nicht immer Champagner sein …

1 Den Dubonnet in eine gekühlte Champagnerflöte gießen.
2 Den Würfelzucker zugeben und den Angostura darüberspritzen.
3 Vor dem Servieren mit gekühltem Champagner auffüllen. Mit der Orangenschale dekorieren.

Caribbean Champagne

1 cl weißer Rum
1 cl Crème de Banane
Champagner, gekühlt
3 Bananenscheiben, zum Dekorieren

FÜR 1 PERSON

Rum und Bananen bringt man gleich mit der Karibik in Verbindung, Champagner dagegen nicht. Denken Sie allerdings daran, dass Frankreich und karibische Inseln wie Martinique und Guadeloupe eine lange gemeinsame Geschichte vorzuweisen haben!

1 Rum und Crème de Banane in eine gekühlte Champagnerflöte gießen.
2 Mit Champagner auffüllen.
3 Langsam umrühren und mit den Bananenscheiben dekorieren.

Josiah's Bay Float

4 cl goldener Rum
2 cl Galliano
4 cl Ananassaft
2 cl Limettensaft
4 TL Zuckersirup
gestoßene Eiswürfel
1 ausgehöhlte Ananas
Champagner, zum Auffüllen
2 Limetten- und Zitronenscheiben
2 Cocktailkirschen

FÜR 2 PERSONEN

Ein wunderbarer Cocktail für zwei, der in einer ausgehöhlten Ananas serviert wird. Ein Heiratsantrag oder ein romantisches Abendessen im Freien wären das geeignete Szenario dazu. Etwas nüchterner wirkt er in großen gekühlten Whiskygläsern.

1 Rum, Galliano, Ananassaft, Limettensaft und Zuckersirup mit Eis in einen Shaker geben und kräftig schütteln.
2 In die Ananasschale abseihen, mit Champagner auffüllen und langsam umrühren.
3 Mit den Limetten- und Zitronenscheiben sowie zwei Cocktaikirschen dekorieren und mit zwei Trinkhalmen servieren.

Sparkling Gold

2 cl goldener Rum
1 cl Cointreau
Champagner, gekühlt

FÜR 1 PERSON

Für ganz besondere Anlässe wie eine goldene Hochzeit kann man auch winzig kleine Stücke essbares Blattgold auf jedes Glas streuen.

1 Rum und Likör in eine gekühlte Champagnerflöte gießen.
2 Mit gekühltem Champagner auffüllen und servieren.

Christmas Cocktail

1 Zuckerwürfel
1 Spritzer Brandy
2 Spritzer Cranberrysaft
Champagner, gekühlt
einige Himbeeren, zum Dekorieren

FÜR 1 PERSON

Dieser leichte Cocktail ist im Nu für viele Gäste zubereitet; sicher müssen Sie nicht bis Weihnachten warten, um ihn zu genießen.

1 Den Zuckerwürfel in ein gekühltes Champagnerglas geben.
2 Den Brandy darübergießen, kurz warten, bis der Zuckerwürfel die Flüssigkeit aufgesogen hat, dann den Cranberrysaft hinzufügen.
3 Vor dem Servieren mit Champagner auffüllen und ein oder zwei Himbeeren auf den Schaum setzen.

Kismet

2 cl Gin
2 cl Apricot Brandy
$^{1}/_{2}$ TL Ingwersirup
Champagner, gekühlt
1 Scheibe einer frischen reifen Mango oder Nektarine

FÜR 1 PERSON

Dieser elegante Drink könnte Ihr Schicksals-cocktail werden.

1 Den Gin und Brandy in eine gekühlte Champagnerflöte gießen.
2 Den Ingwersirup langsam am Glasrand herunterlaufen lassen und mit Champagner auffüllen.
3 Mit der Mangoscheibe dekorieren.

The Bentley

1 cl Cognac oder Brandy
1 cl Pfirsichlikör, Peach Brandy oder Pfirsichbrand
Saft von 1 Maracuja (Passionsfrucht), durchs Sieb passiert
1 Eiswürfel
Champagner, gekühlt

FÜR 1 PERSON

Champagner-Cocktails werden angeblich besser, je mehr man davon trinkt …

1 Die ersten drei Zutaten miteinander verrühren und in ein gekühltes Glas abgießen.
2 Einen Eiswürfel dazugeben und den Cocktail mit Champagner auffüllen.

Chicago

Eiweiß oder Zitronensaft
Zucker
2 cl Brandy
1 Spritzer Cointreau
1 Spritzer Angostura
Eis
Champagner

FÜR 1 PERSON

Verwenden Sie für Cocktails mit süßen Zutaten – insbesondere für solche, die Sie mit einem Zuckerrand veredeln wollen – stets trockenen Champagner oder einen hochwertigen Schaumwein.

1 Den Rand eines gekühlten Cocktailglases zuerst in das Eiweiß, dann in den Zucker tauchen.
2 Die übrigen Zutaten bis auf den Champagner mit Eis in einem Shaker kräftig schütteln.
3 In das vorbereitete Glas abseihen und mit Champagner auffüllen.

Dawn

2 cl Limettensaft
2 cl Sherry, Medium Dry
Champagner oder
Schaumwein, gekühlt

FÜR 1 PERSON

Für diesen Cocktail namens „Morgendämmerung" nehmen Sie am besten einen guten, fruchtigen Schaumwein – probieren Sie ruhig auch einen roten!

1 Limettensaft und Sherry in eine gekühlte Champagnerflöte gießen.
2 Mit gekühltem Champagner auffüllen und kurz umrühren.

ÉRIAL

Royal Julep

1 Stück Würfelzucker
3 frische Minzezweige
2 cl Jack Daniel's
Champagner, gekühlt

FÜR 1 PERSON

Wie bei allen Juleps muss die Minze zerstoßen oder fein zerdrückt werden, damit sie in Zucker und Wasser ihr Aroma voll entfalten kann; hacken allein genügt nicht.

1 Den Zucker und die Minze zusammen mit etwas Whisky in einem kleinen Glas zerstoßen.
2 Sobald sich der Zucker aufgelöst hat, die Flüssigkeit in eine gekühlte Champagnerflöte abseihen, den übrigen Whisky dazugießen und den Cocktail mit Champagner auffüllen.

Pick-me-up

Eis
3 Spritzer Fernet Branca
3 Spritzer Curaçao
2 cl Brandy
Champagner, gekühlt
1 Zitronenschalenspirale

FÜR 1 PERSON

Champagner verleiht einem stets ein Hochgefühl. In diesem Cocktail wirken auch alle anderen Zutaten energiespendend – der perfekte Kick für jeden Anlass!

1 Ein Weinglas mit Eis füllen und kühlen.
2 Die übrigen Zutaten nacheinander dazugießen und den Cocktail mit Champagner auffüllen.
3 Mit der Zitronenschalenspirale dekorieren.

Lady Luck

2 cl Calvados
2 cl Birnensaft oder
1 cl Birnenlikör
1 Scheibe einer reifen festen Birne
Champagner, gekühlt

FÜR 1 PERSON

Birnen- und Apfelaroma verleihen dem Cocktail intensive Fruchtigkeit; als Basis kann man auch weißen Schaumwein nehmen.

1 Den Calvados und den Birnensaft in eine gekühlte Champagnerflöte gießen und die Birnenscheibe hinzufügen.
2 Mit gekühltem Champagner auffüllen.

Bombay Sherry Punch

1 Flasche Brandy, gekühlt
1 Flasche Sherry, gekühlt
2 cl Maraschino
2 cl Curaçao
2 Flaschen Champagner oder weißer Schaumwein, gekühlt
Sodawasser, gekühlt
große Eiswürfel (mit eingesetzten Früchten)
einige Früchte, zum Dekorieren

FÜR 16 PERSONEN

Ein außergewöhnliches Getränk für Ihre Party, das Sie nach Belieben mit Sodawasser auffüllen können.

1 Die ersten vier Zutaten in einem großen Bowlengefäß mischen.
2 Nach Geschmack mit Champagner oder Schaumwein, bzw. Sodawasser auffüllen. Früchte und Eiswürfel erst kurz vor dem Servieren zugeben.

Wild Silk

1 cl Sahne
1 EL Himbeeren
2 cl Framboise oder Himbeersirup
etwas fein gestoßenes Eis
Champagner, gekühlt

FÜR 2 PERSONEN

Ein wilder, seidiger Fruchtcocktail, der kräftig schäumt und am besten mit gut gekühltem Champagner aufgefüllt wird.

1 2–3 schöne Himbeeren beiseite legen.
2 Die ersten drei Zutaten mit Eis im Mixer zu einem halbgefrorenen Drink verarbeiten.
3 In eine Champagnerflöte abgießen und mit Champagner auffüllen. Die übrigen Himbeeren darauf schwimmen lassen.

Black Velvet

Stout oder Guinness, gekühlt
Champagner, gekühlt

FÜR 1 PERSON

Sagen Sie nicht, der Guinness ruiniere den guten Champagner. Genießen Sie einfach jeden berauschenden Schluck dieses Evergreens.

1 Beide Getränke zu gleichen Teilen vorsichtig (kann ziemlich aufschäumen) in eine Bierstange oder ein Stielglas gießen.

The Trade Winds

2 cl Gin
1 cl Cherry Brandy
1 cl Zitronensaft
1–2 Spritzer Zuckersirup
fein gestoßenes Eis
Champagner, gekühlt
2 frische Kirschen

FÜR 1 PERSON

Egal ob die Passatwinde heiß oder kalt wehen, Champagner-Cocktails sind immer eine Wohltat. Dieser hier ist ebenso erfrischend wie farbenfroh.

1 Alle Zutaten bis auf den Champagner und die Kirschen mit Eis in einen Shaker geben, kräftig schütteln und in ein Champagnerglas gießen.
2 Mit gekühltem Champagner auffüllen und mit den Kirschen dekorieren.

Serpentine

1 cl grüner Crème de Menthe
gestoßenes Eis
1 dünne Limettenscheibe
oder -spirale
Champagner, gekühlt
1 TL abgeriebene
Limettenschale

FÜR 1 PERSON

Dieser schäumende grüne Cocktail macht seinem Namen alle Ehre. Vergessen Sie nicht, den Champagner mindestens zwei Stunden vor dem Mixen kalt zu stellen.

1 Crème de Menthe in eine Champagnerflöte geben; das Eis und die Limettenscheibe hinzufügen.
2 Mit Champagner auffüllen und mit etwas Limettenschale bestreuen.

Monte Carlo

1 cl Gin
0,5 cl Zitronensaft
Eis
Champagner oder weißer Schaumwein
0,5 cl Crème de Menthe
1 kleiner Minzezweig

FÜR 1 PERSON

Die Motorsportwelt trinkt immer Champagner, besonders in Monte Carlo. Aber nicht nur dort ist dieser raffinierte Cocktail sehr beliebt.

1 Die ersten beiden Zutaten mit Eis in einen Shaker geben und kräftig schütteln.
2 In eine gekühlte Champagnerflöte abseihen und mit Champagner auffüllen.
3 Zum Schluss den Crème de Menthe darübergießen und den Cocktail mit dem Minzezweig dekorieren.

Prince of Wales

2 cl Brandy
2 cl Madeira oder Muskatellerwein
3 Tropfen Curaçao
2 Tropfen Angostura
Eis
Champagner, gekühlt
1 Orangenschalenspirale

FÜR 1 PERSON

Eine verschärfte Version des Champagner-Cocktails – nicht zu schnell trinken!

1 Die ersten vier Zutaten mit dem Eis in einen Shaker geben, kräftig schütteln und in eine gekühlte Champagnerflöte abgießen.
2 Nach Geschmack mit Champagner auffüllen und mit einer schönen Orangenschale dekorieren.

Long Tall Sally

0,5 cl Brandy
0,5 cl Vermouth Dry
0,5 cl Galliano
0,5 cl Mandarinenlikör
Eis
Champagner oder
Schaumwein, gekühlt

FÜR 1 PERSON

Ein kräftiger Champagner-Cocktail, der intensiv nach Kräutern duftet.

1 Die ersten vier Zutaten mit Eis in einem Shaker mischen und in ein Collinsglas abseihen.
2 Mit Champagner auffüllen.

Kir Royal

einige Tropfen Cassis
(nach Geschmack mehr)
1 cl Brandy
Champagner, gekühlt

FÜR 1 PERSON

Eine sündhaft gute Steigerung des einfachen Cassis-Weißwein-Drinks.

1 Cassis und Brandy in eine Champagnerflöte gießen.
2 Nach Geschmack mit Champagner auffüllen.

James Bond

1 Zuckerwürfel
2 Spritzer Angostura
2 cl Wodka, gekühlt
Champagner, gekühlt

FÜR 1 PERSON

Überraschend und in diesem Fall ganz entschieden: weder geschüttelt noch gerührt!

1 Zucker mit dem Angostura befeuchten und in eine gekühlte Champagnerflöte geben.
2 Wodka darübergießen und mit Champagner auffüllen.

Grape Expectations

5–6 dunkle rote Trauben
Eis
1 Spritzer Mandarinenlikör
rosa Champagner oder Schaumwein, gekühlt

FÜR 1 PERSON

Geben Sie die beiden Trauben im letzten Moment dazu und beobachten Sie, wie sie herumspringen und immer mehr Perlen erzeugen.

1 Zwei Trauben für das Glas beiseitelegen.
2 Die übrigen Trauben in einer kleinen Schüssel zerdrücken, damit der Saft heraustritt.
3 Eis und Likör dazugeben und in ein gekühltes Champagnerglas abseihen.
4 Mit Champagner auffüllen. Die Trauben halbieren und entkernen. Kurz vor dem Servieren ins Glas geben.

Mimosa

Saft von 1 Maracuja (Passionsfrucht)
1 cl Orange Curaçao
fein gestoßenes Eis
Champagner, gekühlt
1 Sternfruchtscheibe
1 Orangenschalenspirale

FÜR 1 PERSON

Seinen Namen erhielt dieser Cocktail, weil er farblich an die schönen gelben Blüten von Mimosen erinnert.

1 Fruchtfleisch der Maracuja in einen Krug oder Shaker löffeln; mit dem Curaçao und etwas gestoßenem Eis kräftig schütteln.
2 In ein Champagnerglas abseihen und mit Champagner auffüllen.
3 Mit der Sternfrucht und der Orangenschale dekorieren.

Sparkling Julep

1 Zuckerwürfel
2 Minzezweige
weißer Schaumwein, gekühlt
Früchte der Saison (nach Belieben)

FÜR 1 PERSON

Schaumwein passt zu allen Anlässen, und dieser Cocktail ist eine besonders erfrischende Art, ihn zu trinken.

1 Den Zuckerwürfel zusammen mit einem zerdrückten Minzezweig in eine gekühlte Champagnerflöte geben.
2 Mit Schaumwein auffüllen, den zweiten Minzezweig und nach Geschmack frische Früchte der Saison dazugeben.

Daydreamer

1 cl Brandy
1 TL Maraschino
1 TL Orange Curaçao
1 TL Angostura
Eis
Champagner oder weißer Schaumwein, gekühlt
1 frische Kirsche

FÜR 1 PERSON

Zum Tagträumen werden Sie nicht mehr als einen brauchen.

1 Die ersten vier Zutaten mit Eis in einen Shaker geben und kräftig schütteln, in ein Cocktailglas abseihen und mit Champagner auffüllen.
2 Mit der frischen Kirsche dekorieren.

Tequila Slammer

2 cl weißer Tequila, gekühlt
2 cl Zitronensaft
Schaumwein, gekühlt

FÜR 1 PERSON

Slammers, auch als Shooters bekannt, sind derzeit groß in Mode. Dabei gibt man mehrere Zutaten ohne Umrühren direkt ins Glas. Dann deckt man das Glas oben ab, um nichts zu verschütten, schlägt es („to slam" = schlagen) auf Bar oder Tisch, damit sich die Zutaten vermischen, und trinkt den Cocktail in einem Zug aus. Wichtig ist, dass man ein dickes Glas verwendet, das beim Aufschlagen nicht zerbricht.

1 Den Tequila und den Zitronensaft in ein gekühltes Glas gießen.
2 Mit Schaumwein auffüllen.
3 Das Glas mit einer Hand abdecken, auf die Bar oder den Tisch schlagen und sofort trinken!

Sabrina

1 cl Gin
1 TL Apricot Brandy
1 cl frisch gepresster Orangensaft
1 TL Grenadine
0,5 cl Cinzano
Eis
lieblicher Schaumwein, gekühlt
je 1 halbierte Orangen- und Zitronenscheibe

FÜR 1 PERSON

Ideal für Fans von süßen, fruchtigen Cocktails. Der Ansatz kann gut vorbereitet werden.

1 Die ersten fünf Zutaten mit Eis in einem Shaker mischen und kräftig schütteln.
2 In ein Collinsglas abgießen und mit Schaumwein auffüllen.
3 Orangen- und Zitronenscheiben auf ein Cocktailspießchen stecken und den Drink damit dekorieren.

Black Sparkler

3,5 cl Cognac
0,5 cl Crème de Mure
(Brombeerlikör)
0,5 cl Zitronensaft
1 TL Zucker
Eis
Sodawasser oder weißer
Schaumwein, gekühlt
Brombeeren oder schwarze
Johannisbeeren

FÜR 1 PERSON

Schon mit einfachem Sodawasser wird dieser Cocktail zu einem köstlichen Drink für die Sommerparty. Für festlichere Anlässe verwenden Sie weißen Schaumwein.

1 Die ersten vier Zutaten mit Eis in einem Shaker mischen und kräftig schütteln.
2 In ein gekühltes Cocktailglas abseihen und mit Sodawasser oder Schaumwein auffüllen.
3 Mit den Brombeeren dekorieren.

Velvet Mule

2 cl Cassis
2 cl schwarzer Sambuca
4 cl Ginger Wine
Eis
Cola
Sodawasser oder weißer Schaumwein, gekühlt

FÜR 1 PERSON

Dieser samtige Mule bietet einen raffinierten Kick aus Anis und Ingwer – ein überraschend guter Mix, mit einer besonderen Note durch die Cola.

1 Die ersten drei Zutaten mit Eis in einen Shaker geben und kräftig schütteln.
2 In eine gekühlte Champagnerflöte abseihen und zu gleichen Teilen mit Cola und Sodawasser auffüllen.

Orange Sparkler

2 cl Brandy
1 cl Orangenlikör
1 cl Zitronensaft
Eis
trockener Asti Spumante, eisgekühlt

FÜR 1 PERSON

Servieren Sie diesen exotischen Champagner-Cocktail zu jeder beliebigen Gelegenheit – oder einfach zum Anstoßen.

1 Die ersten drei Zutaten mit Eis in einen Shaker geben und kräftig schütteln.
2 In ein gekühltes Champagnerglas abseihen und nach Geschmack mit Asti Spumante auffüllen.

Amarettine

1 cl Amaretto
1 cl Vermouth Dry
weißer Schaumwein, gekühlt

FÜR 1 PERSON

Normaler weißer Schaumwein bildet die Basis für diesen hübschen Cocktail. Verwenden Sie eine liebliche Sorte, wenn Sie süße Drinks bevorzugen. Trotzdem Vorsicht: Amarettine ist nicht „nur" ein süßer kleiner Drink!

1 Den Amaretto und Vermouth in einem gekühlten großen Cocktailglas mischen.
2 Nach Geschmack mit dem Schaumwein auffüllen.

San Joaquin Punch

1 EL Rosinen oder gewürfelte Dörrpflaumen
6 TL Brandy
300 ml Schaumwein oder Champagner, gekühlt
300 ml weißer Traubensaft
Eis

FÜR 4 PERSONEN

Eine wunderbar perlende Bowle, angereichert mit in Brandy eingelegten Früchten.

1 Die getrockneten Früchte mit dem Brandy in einer kleinen Schüssel vermischen und 1–2 Stunden stehen lassen.
2 Schaumwein, Saft und eingeweichte Früchte in einem Rührglas vermischen und in mit Eis gefüllte Gläser gießen.

Raspberry Mist

12 cl Irish-Mist-Honiglikör
450 g Himbeeren
250 g fein gestoßenes Eis
4 Flaschen trockener weißer Schaumwein, gut gekühlt
24 frische Himbeeren, zum Dekorieren

FÜR 24 PERSONEN

Nicht nur wegen seiner Farbe passt dieser „Himbeer-Nebel" ideal zur Feier Ihrer Rubinhochzeit.

1 Den Likör und die Himbeeren zusammen mit dem gestoßenen Eis in einem Mixer pürieren.
2 Das leicht gefrorene Püree gleichmäßig auf gekühlte Champagnerschalen verteilen und mit dem Schaumwein auffüllen.
3 Jeden Cocktail mit einer Himbeere dekorieren.

Disco Dancer

2 cl Crème de Banane
2 cl Rum
einige Tropfen Angostura
Eis
weißer Schaumwein

FÜR 1 PERSON

Bereiten Sie ihn mit viel Schaumwein zu – und Sie haben den perfekten Disco-Drink.

1 Die ersten drei Zutaten mit Eis in einen Shaker geben und kräftig schütteln.
2 In eine Champagnerflöte abseihen und nach Geschmack mit Schaumwein auffüllen.
3 Geben Sie viel Eis dazu, so bleiben Sie cool und können länger daran nippen.

Pink Sherbet Royale

300 ml weißer Schaumwein, gut gekühlt
4 cl Cassis
2 cl Brandy
1 Schaufel fein gestoßenes Eis
einige Brombeeren

FÜR 2 PERSONEN

Der perfekte Sommercocktail für ganz besondere Anlässe – oder wenn Sie an einem lauen Abend nach dem Essen den Sonnenuntergang genießen möchten …

1 Die Hälfte des Weines mit den übrigen Zutaten in einem Mixer gründlich mischen, bis der Cocktail eiskalt und schaumig ist. Darauf achten, dass er nicht überschäumt.
2 Übrigen Schaumwein hinzufügen und den Cocktail in lange, dünne und gekühlte Cocktailgläser gießen.
3 Mit den Brombeeren dekorieren.

Shangri-la

1 cl Gin
0,5 cl Apricot Brandy
1 cl Orangensaft
einige Tropfen Grenadine
Eis
trockener Asti Spumante oder Schaumwein, gekühlt
je 2 Orangen- und Zitronenscheiben

FÜR 1 PERSON

Ein exzellenter Mix zum Aufpeppen einer nicht ganz so aufregenden Flasche Sekt – kommt auch bei größeren Partygesellschaften immer gut an!

1 Die ersten vier Zutaten mit Eis in einem Ballonglas oder großen Weinglas mischen.
2 Mit Schaumwein auffüllen und mit den Orangen- und Zitronenscheiben dekorieren.

Cider Punch

500 ml trockener Cidre
150 ml Cognac oder Brandy
150 ml Cointreau
Eis
einige Apfelscheiben
300 ml Sodawasser oder
Dry Ginger Ale

FÜR 10 PERSONEN

Dieser Cocktail scheint besonders stark zu sein, ist es aber nicht. Außerdem kann man nach Belieben Sodawasser und Eis hinzufügen, sobald die Basis gemischt ist.

1 Die ersten drei Zutaten mischen und bis zur weiteren Verwendung in den Kühlschrank stellen.
2 Mit Eis, Apfelscheiben und Sodawasser oder Ginger Ale in ein großes Bowlegefäß gießen.
3 In kleinen Tassen oder Gläsern servieren.

Apple Fizz

150 ml Cidre oder Apfelsprudel
2 cl Calvados
Saft von 1/2 Zitrone
1 EL Eiweiß
1 große Messerspitze Zucker
Eis
1 Zitronen- oder Apfelscheibe

FÜR 1 PERSON

Cidre ist eine großartige Basis und harmoniert mit vielen alkoholischen Getränken. Zwar kann man den Cocktail nicht im Voraus zubereiten, doch lässt er sich wunderbar für mehrere Leute gleichzeitig mischen.

1 Die ersten fünf Zutaten mit Eis in einen Shaker geben und kräftig schütteln. Sofort in ein Stielglas gießen (schäumt meist kräftig).
2 Mit einer Zitronen- oder Apfelscheibe oder beidem dekorieren. Für mehr Schaum vor dem Servieren noch etwas Cidre nachgießen.

Mexican Fizz

4 cl Tequila
1 cl Grenadine
10–12 cl Dry Ginger Ale
fein gestoßenes Eis

FÜR 1 PERSON

Die herbe Fruchtigkeit von Tequila wird häufig pur genossen, eignet sich aber auch großartig zum Mixen mit vielen gesüßten und geschmacksintensiven Getränken.

1 Tequila, Grenadine und die Hälfte des Ginger Ale mit dem Eis in einem Shaker schütteln, bis es halb gefroren ist.
2 In ein gekühltes Collinsglas abgießen und nach Geschmack mit Ginger Ale auffüllen.
3 Mit einem Trinkhalm servieren.

Peardrops

2 cl Birnenbrand
Birnenmost, gekühlt
1 Kirsche oder Birnenscheibe

FÜR 1 PERSON

Vergoren oder nicht, mit Birnen schmecken Cocktails immer ein wenig nach Alkohol. Wenn man sie erhitzt, werden die Früchte sogar noch aromatischer. Diesem Cocktail geben sie ein besonders reichhaltiges, berauschendes Aroma.

1 Den Birnenbrand in ein gekühltes Champagnerglas gießen und langsam mit Birnenmost auffüllen.
2 Mit der Kirsche oder Birnenscheibe dekorieren.

Besondere Cocktails

Panda

2 cl Slibowitz
2 cl Apfelbrand
2 cl Gin
2 cl Orangensaft
4–6 gestoßene Eiswürfel
1 Spritzer Zuckersirup

FÜR 1 PERSON

Slibowitz ist ein farbloser Pflaumenbrand, der mindestens acht Jahre gelagert haben sollte. Meist trinkt man ihn pur, doch er verleiht auch Cocktails eine fruchtige Note. Sie können ihn durch Apricot, Peach oder Cherry Brandy ersetzen; dann erhält Ihr Cocktail aber einen anderen Farbton.

1 Slibowitz, Apfelbrand, Gin und Orangensaft mit Eis und 1 Spritzer Zuckersirup in einem Shaker kräftig schütteln.
2 In ein gekühltes Cocktailglas abseihen.

Honeymoon

8 cl Apfelbrand
4 cl Benedictine
4 cl Zitronensaft
2 TL Triple Sec
8–10 gestoßene Eiswürfel

FÜR 2 PERSONEN

Die Hochzeitsreise nennt man im Englischen deshalb „Honeymoon", weil man früher annahm, der erste Monat der Ehe sei besonders süß. Wenn Sie nach der Hochzeit keinen Champagner mehr sehen können, genießen Sie mit Ihrem Schatz doch einfach diesen süßen Drink!

1 Apfelbrand, Benedictine, Zitronensaft und Triple Sec mit Eis in einem Shaker kräftig schütteln.
2 In zwei gekühlte Cocktailgläser abseihen.

Indian Summer

2 cl Wodka
4 cl Kahlúa
2 cl Gin
4 cl Ananassaft
Eis
Tonic Water

FÜR 1 PERSON

Der Kaffeelikör gibt diesem köstlichen Mix die ganz besondere Note. Mit Crème de Noyaux oder Crème de Cacao schmeckt er aber auch ausgezeichnet.

1 Die ersten vier Zutaten mit Eis in einen Shaker geben und kräftig schütteln.
2 In ein mittelgroßes Cocktailglas oder Weinglas abseihen und nach Geschmack mit Tonic Water auffüllen.

On the Vine

1 cl Apricot Brandy
Eis
1 Spritzer Grenadine
150 ml Weißwein
Sodawasser
1 kleine Rispe weiße Weintrauben

FÜR 1 PERSON

Je nachdem, welchen Wein Sie verwenden, kann dieser Cocktail ganz unterschiedlich ausfallen. Wenn Sie ihn gern süßer mögen, nehmen Sie am besten lieblichen oder halbtrockenen Wein, andernfalls ist trockener gut geeignet.

1 Brandy und Eis in einem großen Cocktailglas oder einem Weinglas verrühren.
2 Die Grenadine darüberspritzen und anschließend den Wein dazugießen.
3 Für einen noch erfrischenderen Longdrink mit Sodawasser auffüllen.
4 Mit den Weintrauben dekorieren.

Kokoloko

Kakaopulver
Zucker
2 cl Kokoscreme
2 cl Malibu (Kokoslikör)
2 cl Crème de Cacao
2 cl Milch
Eiswürfel und
Schokoladenraspel

FÜR 1 PERSON

Besonderen Anklang findet dieser Drink, wenn Sie den Rand des Glases zuerst in einen der Liköre und dann in eine Mischung aus Kakao und Zucker tauchen.

1 Für den Zuckerrand den Rand eines Glases in Likör und in eine Mischung aus Kakao und Zucker tauchen.
2 Kokoscreme, Kokos- und Schokoladenlikör sowie die Milch mit Eis in einem Shaker kräftig schütteln. Über Eis in einen Tumbler gießen.
3 Mit Schokoladenraspeln garnieren.

Millionaire

1,5 cl Apricot Brandy
1,5 cl Sloe Gin
1,5 cl Jamaica Rum
1 Spritzer Grenadine
Saft von $^1/_2$ Zitrone oder Limette
Eis
einige Heidelbeeren

FÜR 1 PERSON

Von diesem Cocktail gibt es viele Varianten, die sich hauptsächlich durch die ungewöhnlicheren Tropfen in Ihrer Hausbar unterscheiden.

1 Alle Zutaten bis auf die Beeren mit dem Eis in einen Shaker geben und kräftig schütteln. In ein mit Eis gefülltes Cocktailglas abseihen.
2 Kurz vor dem Servieren einige Heidelbeeren hinzufügen.

Grasshopper

4 cl grüner Crème de Menthe
4 cl weißer Crème de Cacao
4 cl Sahne
4–6 gestoßene Eiswürfel

FÜR 1 PERSON

Über das Originalrezept sind sich Fachleute uneinig, es scheint mindestens drei Versionen mit demselben Namen sowie zahlreiche Varianten davon zu geben.
Dieses Rezept hier ist auch als Grasshopper Surprise bekannt.

1 Crème de Menthe, Crème de Cacao und Sahne mit Eis in einem Shaker kräftig schütteln.
2 In ein gekühltes Glas abseihen.

Jealousy

1 TL Crème de Menthe
1–2 EL Crème double
4 cl Kaffee- oder Schokoladenlikör
fein gestoßenes Eis
einige Schokoladenstäbchen

FÜR 1 PERSON

Ein echter After-Dinner-Cocktail. Zur Abwechslung können Sie die Schlagsahne auch einmal mit einem anderen Likör aromatisieren.

1 Den Crème de Menthe mit der Crème double mischen und steif schlagen.
2 Den Kaffeelikör in ein sehr kleines geeistes Cocktailglas gießen und die Minze-Creme behutsam darüberlöffeln.
3 Mit den Schokoladenstäbchen servieren.

Last Tango

2–3 dünne Scheiben reife Mango, angefroren
3 cl Mandarine Napoléon
1 cl Kirschwasser
fein gestoßenes Eis

FÜR 1 PERSON

Verwenden Sie die Mangoscheiben wie zusätzliche Eiswürfel, die Sie in den fertigen Cocktail geben. Das wirkt nicht nur sehr dekorativ, sondern schmeckt auch großartig.

1 Die geschälten und dünn geschnittenen Mangoscheiben 40–50 Minuten vor der Zubereitung einfrieren.
2 Die beiden Spirituosen mit Eis in einem Shaker kräftig schütteln, in ein gekühltes Cocktailglas gießen und mit den Mangoscheiben garnieren.

Minted Diamonds

1 TL grüner Crème de Menthe
1 EL Eiswasser
2 cl weißer Crème de Menthe
4 cl Apfel- oder Birnenbrand
Eis

FÜR 1 PERSON

Bereiten Sie die faszinierenden grünen Eiswürfel im Voraus zu. Nehmen Sie sie erst kurz vor dem Servieren aus dem Gefrierfach, da sie sehr schnell schmelzen.

1 Den grünen Crème de Menthe mit dem Wasser vermischen und zu 1–2 Eiswürfeln gefrieren lassen.
2 Die übrigen Zutaten mit Eis in einem Rührglas gut verrühren.
3 In ein gekühltes Cocktailglas abseihen und die Minze-Eiswürfel erst kurz vor dem Servieren hinzufügen.
4 Erst trinken, wenn die Eiswürfel zu schmelzen beginnen!

Hazy Lady

1 cl Crème de Noyaux
1 cl Kaffeelikör
1 cl Brandy
1 cl Orangensaft
1 Spritzer Eiweiß
Eis
1 Spritzer Grenadine
frisch geriebene Muskatnuss

FÜR 1 PERSON

Die intensive rote Farbe der Grenadine durchdringt rasch die üppigen, mit Nüssen aromatisierten Liköre und bildet am Boden des Glases eine schöne rosa Schicht.

1 Die ersten fünf Zutaten mit Eis in einem Shaker kräftig schütteln.

2 In ein geeistes Cocktailglas abseihen, die Grenadine darüberspritzen und den Cocktail mit geriebener Muskatnuss bestreuen.

Knuckleduster

2 cl Kokoslikör
2 cl Blue Curaçao
1 cl weißer Rum
0,5 cl Ananassaft
fein gestoßenes Eis
geröstete Kokosflocken

FÜR 1 PERSON

Dieser Cocktail schlägt ganz schön ein. Wenn Sie einfach nur ruhig dran nippen, verschwinden alle negativen Gefühle wie von selbst ...

1 Die ersten fünf Zutaten im Mixer zu einem schaumigen, halb gefrorenen Drink verarbeiten.

2 In ein großes geeistes Glas gießen, mit zusätzlichem Eis auffüllen und mit leicht gerösteten Kokosflocken garnieren.

Nuclear Fallout

1 TL Himbeersirup
0,5 cl Maraschino
0,5 cl gelber Chartreuse
0,5 cl Cointreau
1 cl Blue Curaçao, gut geeist

FÜR 1 PERSON

Dieser Drink ähnelt einem Pousse-Café, bei dem die Zutaten in Schichten übereinander gegossen werden.

1 Alle Zutaten samt Schnapsglas kühl stellen; den Blue Curaçao ins Gefrierfach legen.
2 Alle Liköre bis auf den Blue Curaçao nacheinander über den Rücken eines Löffels vorsichtig in das Glas laufen lassen, sodass sich Schichten bilden.
3 Zum Schluss den Blue Curaçao langsam dazugießen und auf die Folgen warten.

Adam's Apple

4 cl Apfelbrand
2 cl Gin
2 cl Vermouth Dry
1 Spritzer gelber Chartreuse
4–6 gestoßene Eiswürfel

FÜR 1 PERSON

In den USA heißt der bekannteste Apfelbrand Applejack und in Frankreich Calvados – wie auch immer man ihn nennt, in diesem Cocktail sorgt er für einen köstlich fruchtigen Geschmack und ein verführerisches Aroma.

1 Alle Zutaten über Eis in ein Rührglas gießen.
2 Gut umrühren und in ein gekühltes Glas abseihen.

Mexican Dawn

2 cl Kokoslikör
2 cl Tequila
1 Kugel Erdbeereis
1 Spritzer Erdbeerlikör
1 Spritzer Tamarindensirup
etwas frisch geraspelte Kokosnuss oder 1 Kokosnussstück

FÜR 1 PERSON

Ein cremiger, üppiger und ungewöhnlicher Cocktail – viva México!

1 Alle Zutaten bis auf die Kokosnuss in einem Mixer auf niedriger Stufe etwa 10 Sekunden pürieren.

2 In ein gekühltes Cocktailglas gießen, mit der frisch geraspelten Kokosnuss garnieren und mit einem Stirrer servieren.

Banana Cocktail

2 cl Eierlikör
2 cl Crème de Banane
1 reife Banane
1 Weinglas
fein gestoßenes Eis
Sodawasser

FÜR 1 PERSON

Dieser Cocktail kann ziemlich süß und üppig ausfallen, darum sollte man ihn mit ausreichend Eis und der richtigen Menge Sodawasser zubereiten.

1 Alle Zutaten bis auf das Sodawasser in einem Mixer verarbeiten, bis der Drink glatt und gut durchgekühlt ist.
2 In ein gekühltes Highballglas gießen und nach Geschmack mit Sodawasser auffüllen.

Jack Frost

1,5 cl Blue Curaçao, geeist
Zucker
2 cl Tequila, kalt
4 cl Sahne, kalt
1 kleine Schaufel fein gestoßenes Eis

FÜR 1 PERSON

Ein köstlicher und eiskalt getrunkener Cocktail, der genug Alkohol enthält, um Sie trotz seiner kühlen Farbe kräftig aufzuwärmen.

1 Den Rand eines mittelgroßen Cocktailglases in den Curaçao tauchen, überschüssige Flüssigkeit ablaufen lassen und den Rand sofort in Zucker tauchen.
2 Den Zuckerrand an einem kühlen Ort fest werden lassen.
3 Die übrigen Zutaten und den Curaçao mit Eis in einem Shaker kräftig schütteln und langsam in das Glas gießen.

Pink Squirrel

4 cl dunkler Crème de Cacao
2 cl Crème de Noyaux
2 cl Sahne
4–6 gestoßene Eiswürfel

FÜR 1 PERSON

Crème de Noyaux besitzt einen wunderbaren, leicht bitteren, nussigen Geschmack, wird aber aus Pfirsich- und Aprikosenkernen hergestellt. Meist serviert man ihn als Likör, doch er harmoniert auch ausgezeichnet mit einigen anderen Cocktailzutaten.

1 Crème de Cacao, Crème de Noyaux und Sahne mit Eis in einem Shaker kräftig schütteln.
2 In ein gekühltes Cocktailglas abseihen.

Adam'n'Eve

4 cl Triple Sec
2 cl Wodka
2 cl Grapefruitsaft
2 cl Cranberrysaft
Eis
5–6 Ananaswürfel
2 TL Zucker
1–2 EL fein gestoßenes Eis
1 halbe Erdbeere

FÜR 1 PERSON

Auch wenn Sie in diesem Cocktail keinen Apfel finden werden, ist er ganz schön verführerisch – eine säuerlich-herbe Mischung in schaumig-süßer Verkleidung!

1 Die ersten vier Zutaten mit Eis in einen Shaker geben und kräftig schütteln.
2 In ein gekühltes Longdrinkglas abseihen.
3 Die Ananaswürfel mit dem Zucker und dem gestoßenen Eis in einen Mixer geben. Grob und schaumig mixen.
4 Langsam über den Cocktail gießen.
5 Mit der halben Erdbeere garnieren.

Mudslide

3 cl Kahlúa
3 cl Baileys Irish Cream
3 cl Wodka
gestoßene Eiswürfel

FÜR 1 PERSON

Trotz des etwas eigenartigen Namens handelt es sich hier – unabhängig vom Wetter – um einen köstlich aromatischen und cremigen Cocktail.

1 Kahlúa, Baileys Irish Cream und Wodka mit Eis in einem Shaker kräftig schütteln.
2 In ein gekühltes Stielglas abseihen.

Snowball Classic

2 cl Eierlikör
1 guter Spritzer frisch gepresster Zitronensaft
Eis
Zitronenlimonade
je 1 dünne Orangen- und Zitronenscheibe

FÜR 1 PERSON

Eierlikör schmeckt einfach großartig, wenn man ihn mit Sodawasser oder Tonic Water und einem Spritzer Zitronensaft mischt.

1 Eierlikör und Zitronensaft mit Eis in einem Rührglas verrühren.
2 In ein mit Eis gefülltes Highballglas abseihen und nach Geschmack mit Limonade auffüllen.
3 Mit der Orangen- und der Zitronenscheibe dekorieren.

Moonraker

4–6 gestoßene Eiswürfel
1 Spritzer Pernod
2 cl Brandy
2 cl Peach Brandy
2 cl Quinquina (Aperitifwein)

FÜR 1 PERSON

Dieser hochprozentige Cocktail schießt Sie auch ohne Rakete auf den Mond.

1 Die Eiswürfel in ein Rührglas füllen.
2 Den Pernod darüberspritzen und den Brandy, Peach Brandy und Quinquina dazugießen.
3 Gut umrühren und in ein gekühltes Highballglas abseihen.

Für die Variante Moonshot: Gestoßene Eiswürfel in ein Rührglas füllen. Tabasco darüberspritzen.

Banshee

4 cl Crème de Banane
2 cl Crème de Cacao
2 cl Sahne
4–6 gestoßene Eiswürfel

FÜR 1 PERSON

Überraschend viele Cocktails werden nach Monstern, Geistern und anderen Wesen benannt, die nachts ihr Unwesen treiben. Dieser Drink wird Ihnen eine Gänsehaut bereiten – aber vor Wonne!

1 Crème de Banane, Crème de Cacao und Sahne mit Eis in einem Shaker kräftig schütteln.
2 In ein gekühltes Weinglas abseihen.

Angel's Delight

1 cl Grenadine, gekühlt
1 cl Triple Sec, gekühlt
1 cl Sloe Gin, gekühlt
1 cl Sahne, gekühlt

FÜR 1 PERSON

Eine moderne Version des klassischen Pousse-Cafés. Für den schönen Farbeffekt benötigt man eine sehr ruhige Hand. Trinken Sie ihn als Slammer, oder nippen Sie ihn.

1 Grenadine in ein gekühltes Pousse-Café-Glas oder eine Champagnerflöte geben; mit ruhiger Hand den Triple Sec langsam darübergießen, sodass sich eine zweite Schicht bildet.
2 Den Gin auf die gleiche Weise darübergießen. Zuletzt mit Sahne abschließen.

Yankee Doodle

2 cl Crème de Banane
2 cl Cognac
2 cl Royal Mint
Chocolate Liqueur
Eis

FÜR 1 PERSON

Dieser Cocktail aus Banane, Cognac und Schokolade – mit einer Andeutung von Minze – ist an einem warmen Sommerabend ein besonderer Genuss!

1 Die Zutaten mit Eis in einem Shaker kräftig schütteln und in ein kleines Cocktailglas abseihen.

Stars und Swirls

2 cl Malibu
1 großer Eiswürfel
1 cl Erdbeer- oder
Himbeerlikör
1 TL Blue Curaçao

FÜR 1 PERSON

Für diesen Drink benötigen Sie eine ruhige Hand – oder, noch besser, zwei!

1 Ein kleines Shotglas im Gefrierfach kühlen.
2 Den Malibu hineingießen und den Eiswürfel hinzufügen.
3 Die beiden anderen Liköre möglichst gleichzeitig an den sich gegenüber liegenden Innenseiten des Glases ganz vorsichtig dazugießen, sodass sie sich langsam umherbewegen.

Coconut Breeze

2 cl Kokoslikör
1 cl Drambuie
4 cl Papayasaft
einige Eiswürfel
1 Limettenscheibe

FÜR 1 PERSON

In diesen Cocktail kommt klarer Kokoslikör. Wenn Sie keinen bekommen, ist ein Kokos-Sahnelikör eine gute Alternative.

1 Die Zutaten, bis auf die Limettenschale, mit Eis in einen Shaker geben und kräftig schütteln.
2 In ein gekühltes Cocktailglas gießen und mit der Limettenscheibe dekorieren.

The Chocolate Diva

4 Stücke gute Milchschokolade, geschmolzen
2 cl Grand Marnier
2 cl Crème de Cacao
2 cl Wodka
1 EL frisch gepresster Orangensaft
frische, essbare Blüten, z. B. Stiefmütterchen, Rosenblütenblätter, Kapuzinerkresse

FÜR 1 PERSON

Schokoladenliebhaber werden dieser raffinierten Kombination aus Schokolade und Alkohol kaum widerstehen können.

1 Die geschmolzene Schokolade vorsichtig mit den Likören, dem Wodka und dem Orangensaft zu einem glatten Drink vermischen.
2 In ein gekühltes Cocktailglas gießen und mit essbaren Blüten garnieren.

Candy Floss

2 cl Pfirsichbrand
2 cl Bananenlikör
2 cl Apricot Brandy
2–4 cl Orangensaft
Eis
1 Banane

FÜR 1 PERSON

Bananen eignen sich gut zum Einfrieren. Schneiden Sie dazu das Fruchtfleisch in lange dünne Streifen oder diagonale Scheiben.
Die gefrorenen Bananenstücke können Sie dann zum Umrühren Ihres Cocktails oder als Dekoration benutzen.

1 Die ersten drei Zutaten nach Geschmack mit Orangensaft verrühren.
2 In einen Tumbler voll Eis gießen und mit frischen oder gefrorenen Bananenstücken garnieren.

Japanese Jewel

4–5 weiße Trauben
1–2 TL Eiweiß, leicht aufgeschlagen
Zucker
2 cl Melonenlikör
2 cl Gin
4 cl Kiwisaft
fein gestoßenes Eis

FÜR 1 PERSON

Gezuckerte Früchte als Dekoration sehen stets spektakulär aus. Bereiten Sie gleich eine größere Anzahl davon vor, wenn Sie mehrere Gäste bewirten.

1 Die beiden schönsten Trauben aussuchen, in das Eiweiß tauchen und im Zucker wenden.
2 Die übrigen Zutaten mit etwas gestoßenem Eis etwa 10 Sekunden grob mixen.
3 In ein mittelgroßes Cocktailglas mit Eis gießen und mit den gezuckerten Trauben auf einem Cocktailspießchen dekorieren.

Luisita

2 cl Blue Curaçao
Zitronenwasser
(Lemon Barley Water)
einige Spritzer
Zitronensaft
Eis
Tonic Water
1 halbierte Zitronen- oder
Limettenscheibe

FÜR 1 PERSON

Wenn Ihnen nicht so sehr nach Blau zumute ist, verwenden Sie ganz einfach Orange Curaçao – das beeinträchtigt den Geschmack des Cocktails nicht.

1 Curaçao, Zitronenwasser und Zitronensaft mit Eis in einem gekühlten Longdrinkglas verrühren.
2 Nach Geschmack mit Tonic Water auffüllen und mit der Zitronen- oder Limettenscheibe garnieren.

Napoléon

2 cl Mandarine Napoléon
2 cl Cherry Brandy
Eis
Zitronenlimonade

FÜR 1 PERSON

Die beiden kräftigen Fruchtliköre lassen sich ausgezeichnet mischen und ergeben einen großartigen Longdrink.

1 Beide Liköre mit in ein mit Eis gefülltes Highballglas gießen.
2 Langsam umrühren und nach und nach mit Limonade auffüllen.

Princess

2 TL kalte Sahne
1 TL Zucker
4 cl Apricot Brandy, gekühlt

FÜR 1 PERSON

Obwohl zahlreiche Drinks nach Königinnen und Prinzen benannt werden, ist bei diesem Cocktail keine bestimmte Prinzessin gemeint. Vielleicht verleiht einem der Genuss dieses edlen Gemisches ja das Gefühl besonderer Noblesse.

1 Die Sahne in einer sehr kleinen Schüssel mit dem Zucker verrühren.
2 Apricot Brandy in ein gekühltes Likörglas gießen und die gesüßte Sahne über den Rücken eines Teelöffels langsam darüberlaufen lassen.

Star-Bangled Spanner

1 cl grüner Chartreuse, gekühlt
1 cl Triple Sec, gekühlt
1 cl Cherry Brandy, gekühlt
1 cl Crème Violette, gekühlt
1 cl gelber Chartreuse, gekühlt
1 cl Blue Curaçao, gekühlt
1 cl Brandy, gekühlt

FÜR 1 PERSON

Obwohl nur 1 cl von jeder Spirituose benötigt wird, handelt es sich bei diesem verdrehten „Sternenbanner" um einen hochprozentigen Cocktail.
Nachdem Sie beim ersten Drink auf den Geschmack gekommen sind, kann es gut sein, dass Ihnen zum Einschenken eines zweiten bereits die ruhige Hand fehlt.

1 Den grünen Chartreuse in eine gekühlte Champagnerflöte gießen, dann mit ruhiger Hand den Triple Sec für die nächste Schicht langsam darübergießen.
2 Dann den Cherry Brandy für eine dritte, den Crème Violette für die vierte, den gelben Chartreuse für eine fünfte und den Curaçao für die letzte und sechste Schicht langsam darübergießen.
3 Den Brandy zum Schluss darübergießen.

Alkoholfreie Cocktails

Jersey Lily

120 ml Apfelsprudel
Zucker
1 Spritzer Angostura
Eiswürfel
1 Maraschinokirsche
1 dünne Apfelscheibe

FÜR 1 PERSON

Dieser goldfarbene Cocktail ist nach der schönen edwardianischen Schauspielerin Lillie Langtry (1852–1929) benannt. Ob ihr berühmtester Liebhaber, der Prince of Wales (später König Edward VIII.), auch von dem Cocktail kostete, ist nicht festgehalten.

1 Apfelsprudel nach Geschmack mit etwas Zucker mischen. Mit Angostura und Eis im Shaker kräftig schütteln.
2 In ein gekühltes Glas abseihen. Kirsche und Apfelscheibe dekorativ auf ein Cocktailspießchen stecken oder die Kirsche auf den Boden des Glases sinken lassen.

Applesour

8 cl Apfelsaft
Saft von 1 Zitrone und 1 Limette
2 cl klarer Honig oder Zuckersirup
1 kleines Eiweiß
fein gestoßenes Eis
4–5 Himbeeren
1 langer Apfelschalenstreifen

FÜR 1 PERSON

Der Zitronen- und der Limettensaft verleihen dem Cocktail eine leicht säuerliche Note, die aber durch den süßen Honig und das Apfelaroma veredelt werden.

1 Alle Zutaten bis auf die Himbeeren und die Apfelschale in einem Mixer gründlich vermengen, bis der Cocktail sehr schaumig und halb gefroren ist.
2 Drei Himbeeren in ein geeistes Collinsglas geben, mit einem Holzlöffel zerdrücken und den Cocktail darübergießen.
3 Mit dem Apfelschalenstreifen und den übrigen Himbeeren garnieren.

Little Prince

4–6 gestoßene Eiswürfel
2 cl Aprikosensaft
2 cl Zitronensaft
4 cl Apfelschorle
1 Zitronenschalenstreifen

FÜR 1 PERSON

Apfelschorle ist eine wunderbare Zutat für alkoholfreie Cocktails, weil sie nicht nur Farbe und Geschmack mitbringt, sondern auch sehr erfrischend ist. Sie können Apfelschorle sogar als Champagner-Ersatz für die alkoholfreien Varianten von Champagner-Cocktails wie Buck's Fizz (S. 134) verwenden.

1 Gestoßene Eiswürfel in ein Rührglas füllen.
2 Aprikosensaft, Zitronensaft und Apfelschorle darübergießen und gut umrühren.
3 In ein gekühltes Highballglas abseihen und mit dem Zitronenstreifen dekorieren.

Babylove

300 ml kalte Milch
12–14 Erdbeeren, gewaschen und entstielt
½ reife Avocado
2 cl Zitronensaft

FÜR 2 PERSONEN

Die pürierte Avocado ist so üppig und reichhaltig, dass Sie für den Genuss dieses Cocktails schon fast einen Löffel benötigen.

1 Alle Zutaten bis auf zwei Erdbeeren in einem Mixer 15–20 Sekunden glatt pürieren.
2 In geeiste Collinsgläser gießen und jedes Glas mit einer Erdbeere dekorieren.

Banana Coffee Break

300 ml Milch
4 EL Instant-Kaffeepulver
150 g Vanilleeis
2 Bananen, in Scheiben eingefroren
brauner Zucker
6 Bananenscheiben

FÜR 2 PERSONEN

Wegen des Kaffees schmeckt dieser cremige Cocktail wohl vor allem Erwachsenen. Verwenden Sie für Kinder einfach Caro-Kaffee! An warmen Tagen ist der Drink ein ausgezeichneter Muntermacher.

1 Die Milch in einen Mixer gießen, das Kaffeepulver hinzufügen und mixen.
2 Die Hälfte des Vanilleeises zugeben und auf niedriger Stufe vermengen; das übrige Eis zugeben und glatt mixen.
3 Die Bananen und nach Geschmack Zucker hinzufügen und glatt pürieren.
4 Den Cocktail in Gläser gießen und mit den Bananenscheiben auf einem Cocktailspießchen dekorieren.

Carrot Chill

500 ml Karottensaft
30 g Brunnenkresse
1 EL Zitronensaft
frische Brunnenkressezweige

FÜR 2 PERSONEN

Sehr junge rohe Karotten sind besonders süß und harmonieren großartig mit dem pfeffrigen Geschmack frischer Brunnenkresse.

1 Den Karottensaft in einen Mixer geben.
2 Brunnenkresse und Zitronensaft hinzufügen und glatt mixen.
3 Den Gemüsecocktail in einen Krug gießen und mit Frischhaltefolie abgedeckt für mindestens 1 Stunde kalt stellen.
4 Den kalten Cocktail auf Gläser verteilen und mit der Brunnenkresse dekorieren.

Cherry Kiss

8 Eiswürfel, fein gestoßen
2 EL Kirschsirup
2–3 Spritzer frisch gepresster Limettensaft
500 ml Mineralwasser
4–6 Maraschinokirschen, auf Cocktailspieße gesteckt

FÜR 2 PERSONEN

Ein erfrischender Cocktail fast ohne Kalorien, der während einer Diät oder zu anderen alkoholfreien Anlässen ausgezeichnet schmeckt.

1 Das gestoßene Eis auf zwei Gläser verteilen und den Sirup darübergießen.
2 Den Limettensaft zugeben und mit Mineralwasser auffüllen.
3 Mit den Maraschinokirschen dekorieren.

Zimttee

400 ml Wasser
4 Nelken
1 kleines Stück Zimtstange
2 Beutel schwarzer Tee
3–4 EL Zitronensaft
1–2 EL brauner Zucker
2 frische Orangenscheiben

FÜR 2 PERSONEN

Wenn Sie Kräuter- oder Früchtetee mögen, wird Ihnen dieser würzige, leicht säuerliche Tee besonders zusagen. Auch kalt schmeckt er ausgezeichnet.

1 Wasser, Nelken und Zimt zum Kochen bringen. Vom Herd nehmen und die Teebeutel hineingeben. 5 Minuten ziehen lassen.
2 Zitronensaft, Zucker und kochend heißes Wasser nach Geschmack hinzufügen.
3 Erneut erhitzen und in Gläser abseihen.
4 Mit den Orangenscheiben garnieren und nach Geschmack heiß oder kalt servieren.

Cocobelle

6 cl kalte Milch
2 cl Kokoscreme
2 Kugeln Vanilleeis
3–4 fein gestoßene Eiswürfel
1 Spritzer Grenadine
geröstete Kokosraspel

FÜR 1 PERSON

Wenn Sie eine ruhige Hand haben, können Sie diesen Cocktail an den Seiten mit schönen Farbwirbeln verzieren. Ihre Kinder werden Ihnen sicher dabei helfen wollen.

1 Die ersten vier Zutaten in einem Mixer zu einem halb gefrorenen Drink verarbeiten.
2 Einige Spritzer Grenadine an den Seiten eines gekühlten Collinsglases herunterlaufen lassen.
3 Den gemixten Cocktail ganz langsam in das Glas gießen und die gerösteten Kokosraspel darüberstreuen.

Mocca Slush

fein gestoßene Eiswürfel
4 cl Kaffeesirup
2 cl Schokoladensirup
8 cl Milch
feine Schokoraspel

FÜR 1 PERSON

Ein Traum von einem Schokoladendrink – für junge und alte „Schokoholics" gleichermaßen!

1 Das gestoßene Eis mit dem Kaffee- und Schokoladensirup und der Milch in einem kleinen Mixer zu einem halb gefrorenen Drink verarbeiten.
2 In ein gekühltes Stielglas gießen und mit den Schokoraspeln bestreuen.

Cranberry Punch

600 ml Cranberrysaft
600 ml Orangensaft
150 ml Wasser
$\frac{1}{2}$ TL gemahlener Ingwer
$\frac{1}{4}$ TL Zimt
$\frac{1}{4}$ TL frisch geriebene Muskatnuss
Für die Dekoration des heißen Punschs:
Zitronenscheiben
Orangenscheiben
Für die Dekoration der kalten Bowle:
gestoßene Eiswürfel oder Eisblock
frische Cranberries
1 frischer Minzezweig

FÜR 10 PERSONEN

Dieser Punch kann sowohl kalt als auch warm serviert werden.

1 Cranberrysaft, Orangensaft, Wasser, Ingwer, Zimt und Muskat zum Kochen bringen.
2 Die Hitze reduzieren, den Punsch 5 Minuten köcheln lassen und den Topf vom Herd nehmen.
Heiß serviert:
1 In eine vorgewärmte Punschschüssel schöpfen und mit Zitronen- und Orangenschalen dekorieren.
Kalt serviert:
1 Auskühlen lassen, in einen Krug gießen und mit Frischhaltefolie zugedeckt mindestens 2 Stunden kalt stellen.
2 Gestoßenes Eis in ein gekühltes Bowlengefäß geben und die Bowle hineingießen. Mit gefrorenen Cranberries und Minzblättern servieren.

Grapefruit Cooler

50 g frische Minze
4 cl Zuckersirup
475 ml Grapefruitsaft
4 cl Zitronensaft
gestoßene Eiswürfel
Soda- oder Mineralwasser
einige frische Minzezweige

FÜR 6 PERSONEN

Eine erfrischende Fruchtbowle, die perfekt zur Grillparty passt.

1 Die Minze mit dem Zuckersirup in einer kleinen Schüssel zerdrücken.
2 Den Ansatz mindestens 2 Stunden stehen lassen, dabei die Minze gelegentlich weiter zerdrücken.
3 In einen Krug abseihen, dann Grapefruitsaft und Zitronensaft dazugießen.
4 Mit Frischhaltefolie zudecken und bis zur weiteren Verwendung kalt stellen.
5 Vor dem Servieren 6 gekühlte Collinsgläser mit gestoßenem Eis füllen.
6 Den Cocktail auf die Gläser verteilen und mit Soda- oder Mineralwasser auffüllen.
7 Mit den Minzezweigen dekorieren.

Soft Sangría

1,5 Liter roter Traubensaft
300 ml Orangensaft
6 cl Cranberrysaft
4 cl Zitronensaft
4 cl Limettensaft
8 cl Zuckersirup
Eis
einige Zitronen-, Orangen- und Limettenscheiben

FÜR 4 PERSONEN

Die alkoholfreie Variante der spanischen Sangría mit Rotwein, auf die schon so mancher nichts ahnende Tourist hereingefallen ist. Hier besteht die Gefahr einer überraschenden Trunkenheit dagegen sicher nicht, denn dieser Drink ist einfach nur äußerst erfrischend und schmackhaft. Kühlen Sie zuvor alle Zutaten gründlich durch.

1 Alle Säfte und den Zuckersirup in ein gekühltes Bowlengefäß gießen.
2 Eis und Zitrusfruchtscheiben dazugeben.
3 In gekühlten Gläsern servieren.

Italian Soda

gestoßene Eiswürfel
3 cl Haselnusssirup
Soda- oder Mineralwasser
1 Limettenscheibe

FÜR 1 PERSON

Italienische und französische Sirupe sind in zahlreichen Geschmacksvarianten in Feinkostgeschäften und vielen Supermärkten erhältlich. Natürlich können Sie den Haselnusssirup auch einfach durch Ihren Lieblingssirup ersetzen.

1 Ein Collinsglas mit gestoßenen Eiswürfeln füllen.
2 Den Haselnusssirup darübergießen und mit Soda- oder Mineralwasser auffüllen.
3 Langsam umrühren und mit der Limettenscheibe dekorieren.

Lassi

150g Naturjoghurt
450 ml Milch
1 EL Rosenwasser
3 EL Honig
1 reife Mango, geschält und gewürfelt
6 Eiswürfel
4–6 essbare Rosenblütenblätter

FÜR 2 PERSONEN

Ein Lassi ist ein aromatisiertes und oft sehr würziges Joghurtgetränk aus Indien. In diesem Fall wird es mit Mango und Rosenwasser aromatisiert.

1 Joghurt und Milch in eine Küchenmaschine geben und auf niedriger Stufe vermischen.
2 Rosenwasser und Honig zugeben und gut verrühren, dann Mango und die Eiswürfel zugeben und glatt mixen.
3 Das Lassi in gekühlte Gläser gießen und mit den essbaren Rosenblütenblättern dekorieren.

Slush Puppy

Saft von 1 Zitrone oder
$^1/_2$ rosa Grapefruit
1 cl Grenadine
Eis
einige Streifen Zitronenschale
2–3 TL Himbeersirup
Sodawasser
1 Maraschinokirsche

FÜR 1 PERSON

Dieser erfrischende Cocktail sieht zwar verführerisch aus, wird Ihnen aber sicher keine zittrigen Knie bescheren. Danach können Sie sogar noch selbst Auto fahren.

1 Zitronensaft und Grenadine in ein gekühltes Collinsglas mit Eis gießen.
2 Nach Geschmack die Zitronenschalenstreifen, den Himbeersirup und das Sodawasser hinzufügen. Mit der Maraschinokirsche garnieren.

Sober Sunday

2 cl Grenadine
2 cl frisch gepresster Zitronen- oder Limettensaft
Eis
Zitronenlimonade
einige Zitronen- und Limettenscheiben

FÜR 1 PERSON

Eine reizvolle Kombination, nicht nur für den Sonntag. Damit bleiben alle nüchtern, die keinen Alkohol mögen oder noch Auto fahren müssen.

1 Grenadine und Fruchtsaft in ein mit Eis gefülltes Highballglas füllen.
2 Mit Limonade auffüllen und mit den Zitronen- und Limettenscheiben garnieren.

Shirley Temple

4 cl Zitronensaft
1 cl Grenadine
1 cl Zuckersirup
8–10 gestoßene Eiswürfel
Ginger Ale
1 Orangenscheibe
1 Cocktailkirsche

FÜR 1 PERSON

Dieser Drink zählt zu den bekanntesten alkoholfreien Cocktailklassikern. Shirley Temple Black wurde eine angesehene Diplomatin; der Cocktail aber stammt aus den 1930ern, als sie ein großer Hollywood-Kinderstar war.

1 Zitronensaft, Grenadine und Zuckersirup mit Eis in einem Shaker mischen und kräftig schütteln.
2 In ein gekühltes kleines, mit gestoßenen Eiswürfeln gefülltes Glas abseihen.
3 Mit Ginger Ale auffüllen.
4 Mit der Orangenscheibe und der Cocktailkirsche dekorieren.

Muddy Puddle

Saft von ½ Zitrone
Saft von ½ Orange
fein gestoßenes Eis
Cola
1 Orangenscheibe

FÜR 1 PERSON

Beim Mischen von Cocktails kann jede Menge danebengehen, besonders wenn die Kinder mithelfen. Auch dieser Cocktail, der zwar nicht durch sein Aussehen glänzt, aber sehr erfrischend schmeckt, verdankt seine Existenz solch vereinter Kreativität.

1 Den Fruchtsaft über gestoßenes Eis in ein gekühltes Longdrinkglas gießen und mit eiskalter Cola auffüllen.
2 Mit der Orangenscheibe dekorieren und mit einem Trinkhalm servieren.

Raspberry Lemonade

2 Zitronen
100 g Zucker
100 g frische Himbeeren
2 Tropfen Vanillearoma
fein gestoßenes Eis
Soda- oder Mineralwasser, geeist
einige Zitronenmelissezweige

FÜR 4 PERSONEN

Wenn Sie echte altmodische Limonade mögen, werden Sie diesen Drink lieben!

1 Die Schale und die weiße Schicht von den Zitronen abschneiden, das Fruchtfleisch würfeln und mit Zucker, Himbeeren, Vanille und Eis in einen Mixer geben und glatt mixen.
2 Den Cocktail in zwei Collinsgläser abseihen, mit Eiswürfeln und Sodawasser auffüllen und der Zitronenmelisse dekorieren.

Tropical Delight

2 große reife Mangos
1 EL Puderzucker
600 ml Kokosmilch
5 Eiswürfel
frisch geraspelte Kokosnuss

FÜR 4 PERSONEN

Ein weicher, samtiger, zart duftender Drink ohne Alkohol, den man zu jeder Tageszeit servieren kann. Besonders lecker schmeckt er zum Frühstück!

1 Die Mangos schälen, entsteinen und grob würfeln.
2 Das Fruchtfleisch mit dem Zucker in einem Mixer fein pürieren.
3 Kokosmilch und Eis hinzufügen und schaumig mixen.
4 In Collinsgläser gießen, mit geraspelter Kokosnuss bestreuen und servieren.

Melon Medley

4–6 fein gestoßene Eiswürfel
60 g gewürfeltes Melonenfruchtfleisch
8 cl Orangensaft
1 cl Zitronensaft

FÜR 1 PERSON

Für diesen herrlich erfrischenden Cocktail sollten Sie eine vollreife, süße Melone wie die Cantaloupmelone verwenden. Genießen Sie den Drink am besten an einem warmen Sommerabend.

1 Gestoßenes Eis mit dem Melonenfruchtfleisch, Orangen- und Zitronensaft in einem Mixer grob mixen.
2 In ein gekühltes Collinsglas gießen.

Mint and Cucumber Refresher

einige Minzezweige
1 TL Zucker
Saft von 1 Limette
2-cm-Stück Gurke, in dünnen Scheiben
Eiswürfel
Ihr Lieblingsmineralwasser, gekühlt

FÜR 1 PERSON

Setzen Sie diesen Energiespender bei Ihrer nächsten Diät ganz oben auf die Liste.

1 Einige Minzeblätter hacken und mit dem Zucker vermengen.
2 Den Rand eines Glases mit etwas Limettensaft einreiben und in den Minzezucker tauchen.
3 Übrigen Limettensaft, Gurke, gehackte und ganze Minze verrühren und kalt stellen.
4 Vor dem Servieren Eis ins Glas geben, den Ansatz hineingießen und nach Geschmack mit Mineralwasser auffüllen.

Juicy Julep

2 cl Orangensaft
2 cl Ananassaft
2 cl Limettensaft
1 cl Himbeersirup
4 zerstoßene Minzeblätter
gestoßene Eiswürfel
Ginger Ale
1 frischer Minzezweig

FÜR 1 PERSON

Das Wort „Julep" stammt aus dem Arabischen und bedeutet „Rosensirup". Man könnte deshalb annehmen, dass Juleps ursprünglich alkoholfreie Drinks waren und Bourbon-Liebhaber sich den Namen unter den Nagel gerissen haben – und nicht umgekehrt.

1 Orangensaft, Ananassaft, Limettensaft, Himbeersirup und Minzeblätter mit Eis in einen Shaker geben und kräftig schütteln.
2 Den Drink in ein gekühltes Collinsglas abseihen, mit Ginger Ale auffüllen und langsam umrühren.
3 Mit der Minze dekorieren.

Island Cooler

4 cl Orangensaft
2 cl Zitronensaft
2 cl Ananassaft
2 cl Papayasaft
1/2 TL Grenadine
gestoßene Eiswürfel
Soda- oder Mineralwasser
1 Ananasstück und
2 Maraschinokirschen

FÜR 1 PERSON

An einem heißen Sommertag ist nichts köstlicher als ein eisgekühlter Drink aus verschiedenen exotischen Fruchtsäften. Versetzen Sie sich in Partystimmung, und dekorieren Sie den Drink farbenfroh mit exotischen Früchten.

1 Orangensaft, Zitronensaft, Ananassaft, Papayasaft und Grenadine mit Eis in einem Shaker kräftig schütteln.
2 Ein gekühltes Collinsglas zur Hälfte mit gestoßenen Eiswürfeln füllen und den Cocktail darübergießen.
3 Mit Soda- oder Mineralwasser auffüllen und langsam umrühren.
4 Mit dem Ananasstück und den Maraschinokirschen dekorieren.

Citrus Fizz

4 cl frisch gepresster Orangensaft, gekühlt
etwas Limettensaft
Zucker
einige Tropfen Angostura
4–6 cl Soda- oder Mineralwasser, gekühlt

FÜR 1 PERSON

Eine pfiffige und erfrischende Variante des Klassikers Buck's Fizz (S. 134), die Jung und Alt bedenkenfrei genießen können.

1 Für einen Zuckerrand den Glasrand einer Champagnerflöte mit Orangen- oder Limettensaft einreiben und in Zucker tauchen. Trocknen lassen.
2 Die übrigen Säfte mit dem Angostura verrühren und in ein Glas gießen.
3 Nach Geschmack mit Soda- oder Mineralwasser auffüllen.

Cinders

Saft von 1/2 Orange
Saft von 1 Limette
150 ml Ananassaft
einige Tropfen Angostura
Eis
Sodawasser oder
Dry Ginger Ale
je 1 Orangen- und
Ananasscheibe

FÜR 1 PERSON

Ein eleganter alkoholfreier Drink. Wenn Sie ihn mit etwas Hochprozentigem „aufpeppen", muss das ja niemand erfahren.

1 Die ersten vier Zutaten mit Eis in einem Shaker mischen und kräftig schütteln.
2 In ein gekühltes Glas abseihen und nach Geschmack mit Sodawasser auffüllen.
3 Erneut einige Tropfen Angostura darüberspritzen und den Cocktail mit der Orangen- und der Ananasscheibe garnieren.

Sweet Dreamer

2 cl Orangensaft
4 cl Maracujasaft
1 kleine Banane
1/4 reife Mango oder Papaya
2 Tropfen Vanillearoma
fein gestoßenes Eis

FÜR 2 PERSONEN

Dieser wunderbar cremige Fruchtcocktail ist ideal als Muntermacher am Morgen, aber auch als Powerdrink am Abend vor dem Ausgehen.

1 Alle Zutaten in einem Mixer glatt mixen, dabei jedoch nicht zu fein pürieren.
2 In große Cocktailgläser oder Kelchgläser gießen.

California-Shake

1 Banane, geschält, in dünnen Scheiben
60 g Erdbeeren
90 g entsteinte Datteln
4 ½ TL klarer Honig
250 ml Orangensaft
4–6 fein gestoßene Eiswürfel

FÜR 1 PERSON

Das Geheimnis eines gelungenen Fruchtshakes, ob mit oder ohne Alkohol, besteht darin, die Zutaten auf mittlerer Stufe nur so lange zu mixen, bis er gerade glatt ist.

1 Bananenscheiben, Erdbeeren, Datteln und Honig in einem Mixer zu einem glatten Drink verarbeiten.
2 Orangensaft und gestoßene Eiswürfel zugeben und glatt mixen.
3 In ein gekühltes Collinsglas gießen.

The Hurricane

4 cl Maracujasirup
2 cl Limettensaft
gestoßene Eiswürfel
Bitter Lemon
1 Zitronenscheibe

FÜR 1 PERSON

Die große Zahl der heute erhältlichen Fruchtsäfte und Fruchtsirupe macht das Mixen alkoholfreier Cocktails noch interessanter und vielfältiger. Früher musste man sich dazu weitgehend auf Orangen- und Zitronensaft beschränken.

1 Maracujasirup und Limettensaft über gestoßenes Eis in ein Rührglas gießen.
2 Gut umrühren und in einen gekühlten Tumbler abseihen.
3 Mit Bitter Lemon auffüllen und mit der Zitronenscheibe dekorieren.

Pineapple Smoothie

100 ml Ananassaft
Saft von 1 Zitrone
125 ml Wasser
3 TL brauner Zucker
150 g Naturjoghurt
1 Pfirsich, in Stücken, eingefroren
200 g Ananasstücke, eingefroren
2 frische Ananasstücke

FÜR 2 PERSONEN

Frieren Sie die Pfirsich- und Ananasstücke für diesen Cocktail rechtzeitig ein!

1 Ananas- und Zitronensaft mit dem Wasser in einen Mixer geben und gut mixen.
2 Zucker und Joghurt hinzufügen und alles glatt mixen.
3 Die gefrorenen Pfirsich- und Ananasstücke hinzufügen und nochmals gut mixen.
4 Den Drink auf zwei Gläser verteilen und die Glasränder mit frischen Ananasstücken dekorieren.

Angelina

4 cl Orangensaft
10 Ananaswürfel
einige Eiswürfel
2 Spritzer Himbeer- oder Erdbeersirup

FÜR 2 PERSONEN

Wenn Sie für diesen köstlichen Fruchtcocktail Ananas aus der Dose nehmen, werden Sie der Versuchung kaum widerstehen können und mit den übrigen Ananasstücken weitere Drinks für die ganze Familie zubereiten.

1 Die ersten drei Zutaten in einem Mixer etwa 10 Sekunden schaumig mixen.
2 Einen guten Spritzer Sirup in ein gekühltes Longdrinkglas geben und den Cocktail langsam dazugießen.
3 Etwas Sirup darüberspritzen und mit einem Trinkhalm servieren.

Faux Kir

2 cl gekühlter Himbeersirup
gekühlter weißer Traubensaft

FÜR 1 PERSON

Dieser „falsche Kir" ist eine ebenso farbintensive wie köstliche alkoholfreie Version des berühmten Cocktailklassikers. Französische und italienische Fruchtsirupe gelten als die besten und haben den kräftigsten Geschmack.

1 Den Himbeersirup in ein gekühltes Weinglas gießen.
2 Mit dem Traubensaft auffüllen.
3 Gut umrühren.

250.251

Strawberry Delight

2 cl Zitronensaft
2 cl Orangensaft
2–3 Erdbeeren, zerdrückt
2 cl Fraise
halbes Eigelb
Spritzer Grenadine
Eis
eine halbe Erdbeere

FÜR 1 PERSON

Diesen Cocktail kann man auch mit Himbeeren und einem Schuss Erdbeerlikör zubereiten.

1 Alle Zutaten außer der Erdbeerhälfte mit Eis in einen Mixer geben und gut verrühren.
2 In ein Cocktailglas abseihen und mit der Erdbeerhälfte dekorieren.

Clam Digger

gestoßenes Eis
Tabasco
Worcestersauce
8 cl Tomatensaft
8 cl Muschelsaft
$^{1}/_{4}$ TL Meerrettichsauce
Eis
Selleriesalz
frisch gemahlener schwarzer Pfeffer
1 Stück Stangensellerie
1 Limettenachtel

FÜR 1 PERSON

Ein guter Cocktail für den Sonntagsbrunch – er wirkt anregend auf Ihre Geschmacksnerven, aber nicht so einschläfernd wie die meisten alkoholischen Drinks, mit denen der restliche Tag schnell verloren wäre!

1 Eis, je 1 Spritzer Tabasco und Worcestersauce sowie Tomatensaft, Muschelsaft und die Meerrettichsauce in einen Shaker geben.
2 Kräftig schütteln, bis alles gut vermischt und gekühlt ist.
3 Ein gekühltes Collinsglas mit gestoßenem Eis füllen und den Cocktail darüber abseihen.
4 Nach Geschmack mit Selleriesalz und Pfeffer würzen; mit dem Stangensellerie und dem Limettenachtel garnieren.

Bloody January

4–6 gestoßene Eiswürfel
1 mittelgroße rote Paprika, entkernt und grob gehackt
2 große Tomaten, gehäutet, entkernt und grob gehackt
1 frische grüne Chilli, entkernt
Saft von 1 Limette
Salz
frisch gemahlener Pfeffer
Selleriestange

FÜR 1 PERSON

Dieser Drink ist keine blasse Kopie der Bloody Mary, denn durch die Chilli wird er Ihnen einen richtigen Kick geben.

1 Die ersten fünf Zutaten in den Mixer geben und glatt pürieren.
2 In ein gekühltes großes Glas geben, mit Salz und Pfeffer abschmecken und der Selleriestange dekorieren.

Register

19th Green 95

Absinthe Friend 13
Acapulco 48
Adam'n'Eve 200
Adam's Apple 194
Adonis 125
Alexander 18
Alfonso 138
Amarettine 170
American Beauty 113
Americano 116
American Rose 58
Angelic 82
Angelina 249
Angel's Delight 205
Anouschka 91
Apple Fizz 177
Applesour 218
Atomic 110

B & B 56
Babylove 221
Banana Cocktail 197
Banana Coffee Break 223
Banshee 204
Bay Breeze 80
Between the Sheets 56
Bird of Paradise 73
Bishop 103
Black Russian 36
Black Sparkler 167
Black Velvet 153
Black Watch 98
Bleu Bleu Bleu 69
Blood and Sand 43
Bloody January 253
Bloody Mary 38
Bombay Sherry Punch 151
Bombshell 124
Brandy Alexander 60
Brave Bull 62
Bronx 18
Buck's Fizz 134
Bulldog 75

California-Shake 246
Campari Fizz 132
Candy Floss 210
Caribbean Champagne 140
Carolina 119
Carrot Chill 223
Cat's Eye 76
Champagne Cobbler 134
Champagne Cocktail 131
Charleston 16
Cherry Kiss 224
Chicago 146
Chilly Willy 78
Christmas Cocktail 143
Cider Punch 176
Cinders 244
Cinnamon Park 85
Citrus Fizz 243
Clam Digger 252
Classic Cocktail 59
Club 15
Cocobelle 226
Coconut Breeze 208
Cosmopolitan 30
Coco Roco 122
Cranberry Punch 228
Crocodile 90
Cuba Libre 53

Daiquiri 50
Daisy 24
Dandy 96
Dark and Stormy 106
Dawn 146
Daydreamer 164
Disco Dancer 172
Dragon Lady 104
Dry Martini 27
Dry Smile 83
Dubarry 15

Egg Nog 61
El Diablo 121